»Die Hex' muss brennen!«

Agnes Hallinger

»*Die Hex'* *muss brennen!*«

Volksglaube und Glaubenseifer des Mittelalters

BATTENBERG

Die Deutsche Bibliothek - CIP-Einheitsaufnahme

Hallinger, Agnes:
»Die Hex' muss brennen!« : Volksglaube und Glaubenseifer des
Mittelalters/Agnes Hallinger. - Augsburg : Battenberg, 1999
   ISBN 3-89441-364-6

Umschlagabbildung: vorne: Vorbereitung zum Hexensabbat, Hans Baldung Grien,
Clairobscur-Holzschnitt, 1510, Paris, Bibliothèque nationale;
hinten: Detail aus einem Flugblatt zum Pappenheimer Prozess, gedruckt bei
Michael Manger, Augsburg, 1600, München Stadtbibliothek, Graphiksammlung,
Inv.-Nr. M I/320
Schmutztitel: Die Hexe, Heinrich Vogeler, Federzeichnung um 1900
Frontispiz: Hexen, Monogrammist HF, Federzeichnung weiß gehöht, 1515,
Berlin, Staatliche Museen Preußischer Kulturbesitz

BATTENBERG VERLAG, AUGSBURG
© 1999 Weltbild Verlag GmbH, Augsburg
Alle Rechte vorbehalten.

Redaktion: Gert Schröder
Lektorat: Annette Hofmeister
Satz und Layout: Armin Tichacek
Gesetzt aus der Janson Text von Linotype Library
Bildredaktion: Margit Bachfischer, Annette Hofmeister
Umschlaggestaltung: Thomas Steinkaemper, Wörthsee
Reproduktion: Repro Mayr, Donauwörth
Druck und Bindung: Appl, Wemding

Gedruckt auf umweltfreundlich chlorfrei gebleichtem Papier.

Printed in Germany

ISBN 3-89441-364-6

Inhaltsverzeichnis

»Ich will nun etwas sagen, was – ich wünschte es – alle hören sollten, die Ohren haben, zu hören, vor allem aber der ehrwürdige Kaiser, die Fürsten und ihre Ratgeber:

Man erfinde absichtlich irgendein gräßliches, zu den Sonderverbrechen gehöriges Vergehen, von dem das Volk Schaden befürchtet. Man verbreite dann ein Gerücht darüber und lasse die Inquisitoren dagegen einschreiten

An Stelle eines Vorwortes

mit denselben Mitteln, wie sie sie jetzt gegen das Hexenunwesen anwenden. Ich verspreche in der Tat, daß ich mich der allerhöchsten Obrigkeit stellen und lebend ins Feuer geworfen werden will, falls es nach kurzer Zeit in Deutschland weniger dieses Verbrechens Schuldige geben sollte, als es jetzt der Magie Schuldige gibt.«

Friedrich Spee in der 30. Frage seiner Cautio criminalis aus dem Jahro 1632

Einleitung

Seit Jahrtausenden ranken sich Märchen, Mythen und Sagen um die möglichen Auswirkungen magischer Praktiken, um geheime Mächte, Zaubersprüche und nächtliche Spukgestalten. Bei allen Völkern des Altertums erscheinen Wahrsager und Zauberer, in der altjüdischen Tradition als Lilith, im Alten Testament als Totenbeschwörerin von Endor oder als Mondgöttin Hekate in der Mythologie (*Tafel XII, Seite 110).*

*Schwarze und weiße Magie
in der Antike*

Dienten magische Praktiken positiven und nützlichen Zwecken, handelte es sich also um weiße Magie, so wurde diese Ausübung für äußerst wertvoll erachtet. Priesterinnen und Priester einzelner Gottheiten konnten Stürme beruhigen, den ersehnten Regen herbeirufen, Glück, Reichtum und Genesung beschwören. Natürlich hatten diese Fähigkeiten auch ihre Kehrseite, die ebenso möglichen negativen Auswirkungen der schwarzen Magie. Man konnte die Ernte eines unliebsamen

Gespenster- und Zauberglauben in Antike und frühem Mittelalter

Gegners durch ein Unwetter vernichten lassen oder eine Erkrankung auslösen. Zauberei vermochte zu heilen und zu zerstören.
Inbegriff und Ausdruck dieser Ängste vor schädigendem Zauber war die Vorstellung von Frauen, die sich in Tiere verwandeln und fliegen konnten, um ihre Übeltaten besser vollbringen zu können. Diese römischen *striges* (von *strix* in der Bedeutung von Nachteule)

»So starb denn Saul um seiner Treulosigkeit willen, die er gegen den Herrn verübt hatte. Er hatte das Wort des Herrn nicht beachtet und den Totengeist befragt, um Auskunft zu suchen. Den Herrn aber befragte er nicht. Daher ließ dieser ihn sterben.«
1. Chronik 10 (13/14)

Saul bei der Hexe von Endor, Johann Heinrich Füssli, 1777; Zürich, Kunsthaus, Inv.-Nr. 1940/190

waren imstande, sich nachts in Eulen und Raben, aber auch in Hunde oder Fliegen zu verwandeln und, so glaubte man, als eine Art fliegende Vampire kleinen Kindern das Blut auszusaugen und giftige Milch aus den eigenen Brüsten einzugeben. Zur Ausführung der Übeltaten wie zu Tierverwandlung und Flug benutzten sie Zaubersalben aus ihrer Hexenküche, sie bereiteten Zaubertränke und mischten Gifte.

Nächtliche Wilde Jagd

Nicht minder gespenstisch erschien der germanische Nachthimmel. Wotan, Sturm-, Gewitter-, Kriegs- und Totengott, führte selbst ein nächtliches Heer an, welches unter entsetzlichem Tosen und Brausen alles unter sich

fortriß und tötete, was sich nicht zu Boden warf oder auswich. Tiere wie Wölfe und Raben fanden sich in dieser fliegenden Schar zusammen mit den abscheulichen, teils verstümmelten Gestalten derjenigen, die eines unnatürlichen Todes starben. Freya, die zauberkundige Gattin Wotans, nahm mitunter an den Gelagen ihres Mannes teil. Auch sie vermochte durch die Lüfte zu fliegen und das Wetter zu beeinflussen. Bevorzugt verwandelte sie sich in die Gestalt einer Katze, des Tieres, welches ihr heilig war.

Heilige Zaubereien gegen heidnische Zauberlieder

Die christliche Kirche dämonisierte in Spätantike und frühem Mittelalter die

heidnischen Götter und Schutzgeister. Die keltischen, germanischen und slawischen Völker kannten eine Vielzahl von Haupt-, Neben- und Lokalgöttern sowie verschiedenste Kulte um Steine, Bäume und Quellen. Reste heidnischer Kultpraktiken waren nun Gegenstand der Zauberkritik. Die frühmittelalterlichen Bußbücher vermitteln einen Eindruck von der Vielfalt traditioneller magischer Vorstellungen, wie z.B. eine Straffestsetzung aus dem Jahre 668: »Wer den bösen Geistern opfert in kleinen Dingen, tue ein Jahr lang Buße, wer in großen Dingen, 10 Jahre. Die Frau, die ihre Tochter aufs Dach oder in den Backofen legt zur Heilung des Fiebers, büße 5 Jahre. Wer da, wo jemand gestorben ist, zur Gesundheit der Lebenden und des Hauses Getreidekörner verbrennt, büße 5 Jahre. Wenn eine Frau teuflische Zauberei oder Wahrsagerei treibt, büße sie ein Jahr, oder 120 oder 40 Tage, je nach der Größe ihrer Schuld. Nach der kanonischen Regel haben diejenigen, die Zeichen-, Los- und Traumdeuterei oder welch sonstige Wahrsagerei nach der heidnischen Sitte treiben oder solche Leute in ihr Haus einführen, um da ein Stück ihrer Zauberkunst auszuführen, es mit 5 Jahren zu büßen, wenn sie aus dem Klerus sind. Wer eine geopferte Speise verzehrt und es eingesteht, soll vom Priester mit Rücksicht auf seine Person etc. beurteilt werden.« Zwischen 775 und 790 sah sich Karl der Große veranlaßt, zahlreiche Dekrete gegen die heidnischen Bräuche der Sachsen zu erlassen, in denen unter anderem beschlossen wurde, die heidnischen Priester (divinos) und Zauberer (sortilegos) den Kirchen und Geistlichen auszuliefern. Die frühchristliche Kirche beteuerte beständig, daß die Ausübung der Magie

von der Macht heidnischer Götter zeuge, die nichts anderes als Dämonen seien. Dennoch gelang es der Kirche nicht, die magischen Praktiken und Volksglaubensvorstellungen auszumerzen.

Zauber und Gegenzauber

Im Jahre 860 beschäftigte sich Erzbischof Hinkmar von Reims aus aktuellem Anlaß eines Ehescheidungshandels mit der Frage, ob Haß und Impotenz sowie unwiderstehliche Liebe durch Malefizien, also Schadenzauber, erzeugt werden könne. Er zweifelt keineswegs an der Macht der Zauberei und konstatiert darüber hinaus, daß die in seiner Zeit immer häufiger auftretenden Malefizien mit dem Nahen des Antichristen und des Weltuntergangs zusammenhingen. Zur Ausübung der Malefizien nennt er als notwendige Hilfsmittel neben Totenknochen, Tränken, Asche und Kräutern bereits die unabdingbare Mitwirkung des Teufels. Allerdings sah er sich den Schädigungen durch heidnische Zauberer und Zauberinnen nicht hilflos ausgeliefert, da die Kirche im Exorzismus ein erfolgreiches Gegenmittel besitze.

Zweifel an der Kraft der Zauberei

Spätestens zu Beginn des 10. Jahrhunderts tat man das Vertrauen in Zauberei und ihre Wirkung als reine Irrlehren ab. Der Glaube an die Existenz von Frauen, die nachts im Gefolge der heidnischen Diana durch die Lüfte fliegen, wie auch an die Möglichkeit von Tierverwandlungen, an Zauberei und Wahrsagerei wurde nunmehr bestraft. Derartiger Unsinn komme zustande durch die Einflüsterungen und Vortäuschungen böser Dämonen, wie

Regino von Prüm im *Canon episcopi*, einem Abschnitt der geistlichen Unterweisung für seine Bischöfe, erklärte. Der Satan selbst oder Dämonen trieben demnach ihr Spiel mit dem Geist der Frauen während des Schlafes, indem sie alles Mögliche vorgaukelten.

Bußen für Aberglauben

Ein Jahrhundert später ergingen Ratschläge an Beichtväter, ihre Gemeindemitglieder immer wieder dahingehend zu befragen, ob sie an derartige Wahnvorstellungen glauben oder gar abergläubische Praktiken ausführen würden. Wenn ja, dann sollten Bußen auferlegt werden, die zu dieser Zeit allerdings noch hauptsächlich Kirchenbußen und sehr gemäßigt waren. Burchardus von Worms empfahl im 11. Jahrhundert beispielsweise, Zauberer, Wettermacher oder solche, welche durch Anrufung von Dämonen die Gemüter der Menschen verändern zu können glaubten, aus der Kirchengemeinschaft auszuschließen. Ebenso sollten Frauen aus der Pfarrei ausgewiesen werden, die vorgaben, nachts auf Tieren zu reiten. Die Priester hatten die Aufgabe, die Gläubigen dahingehend zu belehren, daß Zauberkünste den Menschen in einer Krankheit keine Heilung verschaffen könnten. Die Gläubigen waren ausschließlich auf die Heilsangebote der christlichen Kirche, wie Gebete, das Kreuzzeichen und geheiligtes Wasser, zu verweisen. Weitere Bußen sah Burchardus unter anderem für den

volkstümlichen Glauben an Parzen und Werwölfe vor, für die Vorstellungen von einem Geschlechtsverkehr zwischen Menschen und Dämonen, für Malefizien wie Liebeszauber, Verursachen von Impotenz, für Abtreibungen sowie für Wettermachen mit Hilfe von Bilsenkraut.

Frowen, die des nachts fahrent

Trotz einer oberflächlichen Christianisierung kamen die Volksglaubensvorstellungen immer wieder zum Vorschein. So werden in der deutschen Fassung der *Legenda aurea* aus dem 13. Jahrhundert die Frauen, »die des nachts fahrent«, bereits im Titel genannt, auch wird von Opfern an gute Geister, Holden, Perchten und Alfen berichtet.

Strafen für Teufelsbündler

Man bestrafte also den Glauben an die Macht der Zauberei, zumindest bis zum Ende des 12. Jahrhunderts. Seit Beginn des 13. Jahrhunderts zeichnete sich jedoch eine vollständige Kehrtwendung in der Beurteilung durch die römische Kirche ab: Nunmehr verurteilte man die vermeintlich Verbündeten der Dämonen und des Teufels. Damit waren Ketzer, Zauberer und Hexen gemeint. Es wurde zur Gewißheit, daß die Teufelsbündler mit Hilfe böser Mächte anderen Personen oder gar der gesamten Gesellschaft Schaden zufügen konnten. Nach Ansicht eines Thomas von Aquin, um 1250, verstößt allein schon der Zweifel an der Wirklichkeit des Teufelspaktes und der daraus resultierenden Zauberei gegen die Autorität der Heiligen.

Ein bayerischer Nachtsegen aus dem 14. Jahrhundert verdeutlicht das

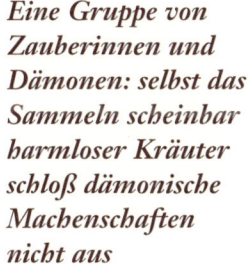

Othely as J rehevse kan ·
J leuued my kuuuyuge off sathan ·

Tuhiche haue hys scole not hens ffer ·
Aud hath J con ffnl many azer ·
Aud to that scole kome Aud gou ·

Flehen um göttlichen Schutz vor den heidnischen, inzwischen dämonisierten Vorstellungen nächtlicher Unholde und Schadenstifter mittels eines christlichen Gebets:

»Die höchste göttliche Macht, der heilige Heilige Geist, das Heil, der heilige Herr, das soll mich noch heute nacht schützen vor den bösen Nachtfahrern [...] vor den außer dem Wege Schreitenden, vor den Zaunreitern, vor den Unholden [...] Wodans Heer und alle seine Mannen, die die Räder und die Fessel tragen, geradebrecht und gehangen, ihr sollt von hinnen gehn! [...] Albes Mutter, Truden und Mahren, ihr sollt heraus zum Dachfirst fahren! [...] Ich beschwöre dich bei dem *nunc dimittis*, bei dem *benedictus*, bei dem *magnificat*, bei aller *trinitat* [...]«.

Die in diesem Segen erwähnten Elben, der Alp und die Nachtmahr, gehörten zur Geisterwelt der Lüfte und des Windes. Nun wurden sie zu Dämonen und bösartigen Nachtgeistern. Ebenso zählten die Druden zu dieser Gruppe von Geistern, sie besaßen als besonderes Merkmal einen Gänse- oder Schwanenfuß. Dieser sogenannte Drudenfuß entwickelte sich zum weitbekannten Zauberzeichen.

Eine Gruppe von Zauberinnen und Dämonen: selbst das Sammeln scheinbar harmloser Kräuter schloß dämonische Machenschaften nicht aus

Aus: Lydgate, Pilgrimage of the Life of Man; London, British Library, MS Cotton Tiberius A.VII., fol. 70ᵛ

Strigen und Holden

In Rechtstexten und kanonischen Schriften finden sich die frühesten Erwähnungen von Menschen, die sozusagen Spezialisten auf dem Gebiet der Magie zu sein schienen.

Frühmittelalterliche Glossen nennen besonders häufig die *strigae*, welche sich mit Wahrsagerei und Zauberei aller Art beschäftigten. Zugleich wurden mit diesem Begriff jedoch auch die holden Nachtfrauen oder Holden bezeichnet, wohlwollende Geister, denen man in bestimmten Nächten Gefäße mit Speisen und Getränken aufstellte und opferte. Die deutsche Striga oder Holda des frühen Mittel-

Von Unholden, Wettermachern und Giftköchen

Wie bezeichnete man die Personen, die Schadenzauber begingen?

alters war nach volkstümlicher Vorstellung offensichtlich eine Art gute nächtliche Fee, bevor sie mit der römischen nachtfahrenden und blutsaugenden Frau in Verbindung gebracht und dämonisiert wurde.

Herbariae und maleficiae

Für die Tatsache, daß die *strigae* nicht ausschließlich als übelwollend interpretiert wurden, spricht die überlieferte Unterscheidung von den *herbariae*, den kräuterkundigen Frauen, die allerlei Zaubertränke und -salben zubereiteten.

Stephan von Ungarn stellte zu Beginn des 11. Jahrhunderts des weiteren die *striga* der *malefica*, das heißt ganz allgemein der Übeltäterin gegenüber.

Malefici und tempestarii

Die frühmittelalterlichen Bußbücher teilen die Zauberer meist in zwei Gruppen ein: einerseits die *malefici* oder *venefici*, also die Verursacher von Schädigungen an Menschen, Tieren und Früchten oder die Giftmischer, und andererseits die *tempestarii*, die Wettermacher.

Zaunreiterinnen und Hexen

Wie aus einer Quelle des 14. Jahrhunderts zu entnehmen ist, bezeichneten die althochdeutschen Begriffe *hagzissa*, *hagazussa* und *hagethusa* einen nächtlichen Dämon. Das gleichbedeutende oberdeutsche *zunrîte*, Zaunreiterin, deutet auf das Hauptcharakteristikum der Hexe, den Ritt bzw. Flug durch die Lüfte. Mit einem Zaun oder einer Hecke schützte man einen eingehegten Ort gegen böse Geister, die sich deshalb im Bereich des Zaunes aufhalten mußten. In manchen Gegenden verwendete man anscheinend sogar ganz bestimmte Pflanzen in der Hecke, um mit deren Geruch die Geister zu verjagen.

Hexen und der Teufel

Im Laufe des 15. und 16. Jahrhunderts veränderte sich der Begriff der Hexerei, und man betrachtete zunehmend insbesondere diejenigen Personen als Zauberer und Hexen, die ihre magischen Kräfte zum Schaden anderer vom Teufel bezogen. Allerdings wurden in ganz Europa bis hin zum Abklingen der Hexenverfolgungen eine Unmenge an Bezeichnungen für der Hexerei verdächtigte Personen gebraucht und erfunden, nicht immer in einheitlichem Sinne.

*Eine eindringliche
Warnung vor jegli-
cher Art von Zau-
berei, denn Gott
bestraft sogar die-
jenigen, welche
auch nur an zau-
berische Mittel und
deren Wirkungen
glauben*

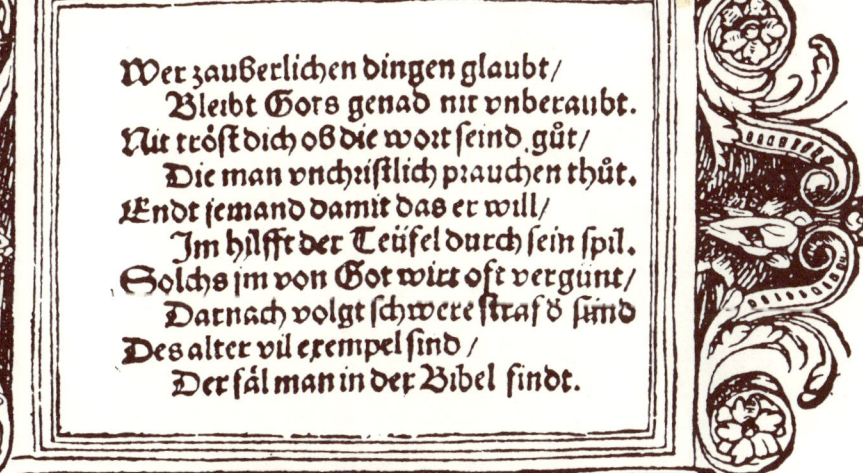

Wer zauberlichen dingen glaubt/
Bleibt Gots genad nit vnberaubt.
Nit tröst dich ob die wort seind gůt/
Die man vnchristlich prauchen thůt.
Endt jemand damit das er will/
Im hilfft der Teüfel durch sein spil.
Solchs jm von Got wirt offt vergunt/
Darnach volgt schwere straf ö sünd
Des alter vil exempel sind/
Der sál man in der Bibel findt.

*Hans Schäuffelein, Holzschnitt zu
Johann Neuber von Schwartzenberg:
Memorial der Tugent, in: Der Teütsch
Cicero. Augsburg 1531 und 1535;
München, Graphische Sammlung*

Besen-, Bock- und Gabelreiter

Johannes Praetorius ließ sich im 17. Jahrhundert in seinen deutschen Traktaten beispielsweise folgende Beschreibungen einfallen: Unholden, Loßleger, Gifftköche, Hexen, Schmirvögel, Schmalzflügel, Besen-, Bocks- und Gabelreutter, Nachtwanderer, Nachthosen, Wettermacher, Leinentäntzer, Seilflieger und Teuffelsbulen.

Einige Bezeichnungen für Personen, die sich mit magischen Praktiken und Hexerei beschäftigten:

divinati
Drutten
Galsterweiber
hagazussae
Hexen
lamiae
magi
malefici
Nachtfrauen
negromantici
sortilegi
strigae
tempestarii
Unholden
venefici
Zauberer
Zaunreiterinnen
zunrîte

Großen Einfluß auf die späteren Hexenverfolgungen sollte die kirchliche Auseinandersetzung mit seit dem 11. Jahrhundert verstärkt auftretenden ketzerischen Sektenbewegungen und deren Bekämpfung ausüben. Nach Umfang und politischem Einfluß erwiesen sich die Katharer neben den Waldensern als die bedeutendste häretische Bewegung des Mittelalters. Der deutsche Begriff Ketzer leitet sich von *gazarii*, den Katharern ab. Werden die Ketzer und Zauberer anfangs noch häufig als *gazzari*, *kathari*, *waudenses* oder *valdenses* bezeichnet, so zeichnet sich eine allmähliche Schwerpunktverlagerung hin zum zauberischen Element durch häufigere Verwendung der Begriffe *lamiae*, *strigae* und schließlich *maleficia* ab.

Die »Reinen«

Beeinflußt von orientalischem und antikem Gedankengut, insbesondere der dualistischen Sekte der Bogumilen, waren die Katharer – die Reinen, wie sie sich nannten – in Frankreich der Überzeugung, daß nicht Gott, sondern der Teufel die gesamte sichtbare materielle Welt geschaffen habe. Sie stellten das Fleisch als das Böse rigoros gegen den Geist als das Gute. Die Seele, an den Körper und somit an das Böse gefesselt, befand sich in einem ständigen Kampf und mußte sich von allem Fleischlichen und Sinnlichen reinigen. Strenge asketische Forderungen und apostolische Wanderpredigt zeichneten diese Armutsbewegung aus. Die christliche Kirche sah den Monotheismus durch diese Annahme zweier gegensätzlicher Mächte in Form eines guten und eines bösen Gottes gefährdet. Als Sektenzentrum galt Toulouse, Mailand und Köln stellten weitere

Mittelpunkte dar. Die Gemeinschaft konnte eine eigene Hierarchie mit Bischöfen etc. neben der katholischen Kirche aufbauen. Zahlreiche Adelige, Patrizier und Handwerker, aber vor allem Frauen folgten der Bewegung. Die Kirche versuchte erfolglos, durch Verfolgung und Verurteilungen bis hin zum Kreuzzug gegen die weitere Ausbreitung vorzugehen. War die Ketzerei bislang ausschließlich mit Kirchenstrafen geahndet worden, so entwickelte sich seit Mitte des 12. Jahrhunderts die Verbrennung zur üblichen Sühne. Schon nach altem römischen und salischen Recht stand auf Schadenzauber und Giftmord mit tödlichem Ausgang die Lebendverbrennung.

Ketzer als Satansdiener
Sie küssen einen Kater von der Größe eines Hundes, der rückwärts erscheint, auf den Hintern

Die »Armen von Lyon«

Betroffen von den Verfolgungen waren neben den Katharern die in Armut lebenden Laienbruderschaften der Waldenser oder »Armen von Lyon«. Wegen ihrer Praxis der Laienpredigt wurden sie 1184 exkommuniziert. Von den Katharern übernahmen sie zunächst die Organisationsform, verwarfen aber später die Hierarchie, Liturgie, Sakramente, die Lehre vom Fegefeuer, den Kriegsdienst und die Todesstrafe. Um den Verfolgungen zu entgehen, versuchten alle ketzerischen Gruppierungen, möglichst im Verborgenen zu operieren. Diese geheimen, meist nachts stattfindenden Versammlungen schürten natürlich die schlimmsten Verdächtigungen vonseiten der Kirche wegen vermeintlicher Orgien und Teufelsanbetungen.

Der Teufel – erkennbar an den krallenartigen Füßen in Tiergestalt – beim geselligen Mahl

Anonymer Holzschnitt zu Ulrich Molitor: Hexen Meysterey, Konstanz 1545; Cornell University Library

Errichtung von Inquisitionsgerichten

Für eine erfolgreiche Ketzerverfolgung war schließlich eine enge Zusammenarbeit zwischen Kirche und weltlichem Arm vonnöten, Kirchenbußen reichten bei weitem nicht aus. Einen wichtigen Schritt in dieser Hinsicht unternahm der Staufer Friedrich II., indem er 1215 alle Gläubigen verpflichtete, der Häresie, der Ketzerei oder Zauberei verdächtige Personen zu melden.

Fiel die kirchliche Rechtsprechung gegen Ketzer ursprünglich in den Aufgabenbereich der Bischofsgerichte, so kam es im Jahre 1227 zur folgenschweren Einführung von Inquisitionsgerichten durch Papst Gregor IX. Im Gegensatz zu den bischöflichen Gerichten unterstanden sie direkt der päpstlichen Vollmacht und konnten somit auch gegen zu wenig energisch vorgehende Bischöfe einschreiten und diese sogar absetzen.

Mit den Aufgaben der Inquisition, dem Auffinden, Überführen und Veranlassen der Hinrichtung von Ketzern, wurden die Franziskaner und Dominikaner betraut. Das Ketzereidelikt stufte man als besonders schweres Verbrechen ein, als Majestätsbeleidigung gegenüber Gott. Damit rechtfertigte man die Einschränkung der Rechte von Verdächtigen im Inquisitionsverfahren, wie etwa eine Anklage ohne Kläger und die Zulassung aller mehr oder weniger glaubwürdigen Zeugen. Neben den Vorwürfen der Ketzerei, dem Abfall von Gott und dem rechten Glauben spürten die Inquisitoren gleichzeitig auch verschiedenste magische Delikte mit auf. Im weiteren Verlauf wurde das Inquisitionsverfahren so zur stärksten Waffe nicht nur gegen Ketzer, sondern ebenso gegen Zauberer und Hexen.

Durch den Tod von der Welt verbannt

»Die Ketzerei ist eine Sünde, durch welche man verdient, nicht nur von der Kirche durch die Exkommunikation, sondern auch von der Welt ausgeschlossen zu werden. Bleibt der Ketzer bei seinem Irrtum, so soll die Kirche es aufgeben, ihn zu retten und soll für das Heil der übrigen Menschen sorgen, indem sie ihn durch ein Exkommunikationsurteil aus ihrem Schoße ausschließt; das übrige überläßt sie dem weltlichen Richter, damit er ihn durch den Tod von der Welt verbanne.«
Thomas von Aquin, Mitte des 13. Jahrhunderts

Konrad von Marburg ...

Bereits 1231 ernannte Gregor IX. Konrad von Marburg zum deutschen Generalinquisitor und beauftragte ihn mit der Ketzerbekämpfung, insbesondere der Katharer und Waldenser. Tatsächlich wußte Konrad aus Deutschland auch Grauenhaftes nach Rom kundzutun. So berichtete er dem Papst unter anderem sehr detailliert vom Ablauf nächtlicher Ketzerversammlungen (oder vielmehr seinen entsprechenden Phantasien darüber):

... Kröten, Katzen, Ketzerorgien

»So werden neue Mitglieder in die Sekte aufgenommen, indem sie eine Art Frosch oder Kröte vom Ausmaß bis zur Größe eines Backofens auf den Hintern oder das Maul verdammenswert küssen. Danach küßt der Neuankömmling einen merkwürdig blassen

Hexen Meysterey.

Deß hochgebornen Fürsten / Hertzog
Sigmunds von Osterzeich mit D. Ulrich Molitoris
vnd herr Cunrad Schatz / weiland Burgermeister zů
Costentz / ein schön gesprech von den Onholden / Ob
die selben bösen weyber / hagel / reiffen / vnd ander
ongefell / den menschen zůschaden / machen kön=
nen. Auch sunst ihrem gantzen Hexen han=
del / waher der kumpt / vnd was dauon
zůhalten sey / Vnd zům letsten / das
sie auß K. Rechten abzů=
thun seyen. rc.

Weitleuffiger mit mer Exempel n der Alten / dann vor nie
kains außgangen. Nottwendig vnnd nutz
aller Obergkeyt zůwissen.

Anno. M. D. XLV.

dürren Mann mit schwarzen Augen. Dieser Kuß erscheint eiskalt und bewirkt, daß der Novize in genau diesem Augenblick jegliche Erinnerung an den katholischen Glauben vollständig verliert. Nach einem ausgedehnten Mahl küssen alle Anwesenden nach ihrer Rangordnung einen Kater von der Größe eines Hundes, der rückwärts erscheint, auf den Hintern... und schließlich werden die Kerzen ausgelöscht, um zur schändlichsten Unzucht einschließlich Inzest und homosexueller Praktiken überzugehen.«

... ein Opfer der Volkswut

Bis zum Juli 1233 versuchte dieser Fanatiker, die Inquisition einzuführen, versetzte die Region um Erfurt, Marburg und das gesamte Rheinland in Schrecken und endete schließlich als Mordopfer des aufgebrachten Volkes.

Ketzerei und Aberglaube

In den Inquisitionsprotokollen ist neben dem Vorwurf von Teufelspakt und Orgien, die den der Hexerei Verdächtigten bis ins 18. Jahrhundert hinein unterstellt werden sollten, zugleich immer wieder vom Anfertigen zauberkräftiger Wachsbilder oder vom Besuch der Angeklagten bei Wahrsagern und Volksmagiern die Rede. Gleichzeitig schien dieser Aberglaube sogar in den höchsten Rängen der weltlichen und geistlichen Elite zu kursieren. Aus

Inquisitionsakten des 13. Jahrhunderts ist zu entnehmen, daß gleichermaßen Inquisitoren wie Bischöfe den Rat von Wahrsagern schätzten. So war der spätere Papst Clemens IV. ein Kunde des damals angesehenen Wahrsagers Raimundus de Puteo.

Inquisition und Folter ...

Dieser Papst erkannte, wie vor ihm bereits Innozenz IV., um 1265 die Folter als legitimes Mittel im Inquisitionsverfahren an. Die Schwere des Verbrechens, ein sogenanntes Ausnahmeverbrechen, rechtfertigte die Erpressung von Geständnissen durch die Folterung der Verdächtigen. Da die Angeklagten von Dämonen oder dem Teufel besessen seien, wären sie erst dann zu Geständnissen bereit, wenn die teuflischen Mächte aus ihren Körpern sozusagen herausgefoltert seien.

... sowie Interrogatien

Aus der gleichen Zeit, als die Folter in den Inquisitionsprozeß eingegliedert wurde, sind erste Listen mit Standardfragen überliefert, die der Inquisitor während des Verhörs an den Verdächtigen stellte. Dabei handelte es sich um die sogenannten Interrogatien. Unter Einsatz der Folter erlangte man schließlich ähnliche oder gar gleichlautende Antworten. Diese Geständnisse bestätigten dann wiederum die Gefährlichkeit der Ketzersekten.

Die Geständnisse hingerichteter Ketzer in Straßburg und Trier beispielsweise verstärkten insbesondere in gebildeten und theologischen Kreisen eine ohnehin bereits latent vorhandene Teufels- und Dämonenangst. Im Jahre 1307 konnte die Inquisition zum Beispiel von einigen Angeklagten des Templerordens das Geständnis erfoltern, Götzendienst zu praktizieren und einer weit verbreiteten Teufelssekte anzugehören.

Die Gefahr bestand nicht nur darin, daß einzelne, von Gott abgefallene Personen einen Pakt mit dem Teufel schlossen. Vielmehr fürchtete man den Zusammenschluß dieser Personen zu gemeinsamen nächtlichen Treffen und scheußlichen Orgien mit Teufelsverehrung. Dies bedeutete nichts weniger als die Umkehrung aller geltenden kirchlichen Vorstellungen, Riten und Werte, die ihren Höhepunkt in der satanischen Weltverschwörung der Teufelsbündler fand.

Ein zaubergläubiger Papst …

Zu einer weiteren Veränderung der Sichtweise kam es, als der äußerst zaubergläubische Papst Johannes XXII. im Jahre 1317 sowohl den Bischof von Cahors als Ketzer, als auch einen Barbier und mehrere seiner Schreiber als Zauberer verbrennen ließ. Letztere gaben unter der Folter an, daß sie versucht hätten, den Papst zuerst zu vergiften und ihn schließlich mit Hilfe von Wachsbildern und Herbeirufung von Dämonen zu töten. Die Bulle *Super illius specula*, die der greise Papst neun Jahre später erließ, bestimmte nun, daß die Zauberer und Hexen im gesamten Bereich der katholischen Kirche fortan genauso zu behandeln und zu bestrafen seien wie die Ketzer.

… und eine satanische Weltverschwörung

Waren früher die kirchlichen und weltlichen Gerichte gegen magische Praktiken und Zauberei nur dann vorgegangen, wenn etwas mißlang und ein Geschädigter Anklage erhob, so wurde die Hexerei, beeinflußt durch die Ketzerprozesse, nun zunehmend mit teuflischen Elementen in Verbindung gebracht. Es kam zu einer schrittweisen Annäherung beider Delikte: Der Ketzerei wurden magische und zauberische Vorstellungen und der Zauberei zugleich der Glaubensabfall hinzugefügt. Waren die Ketzer Satansdiener, die einer förmlichen Sekte angehörten, so lag dies letztlich auch für die Zauberer nahe. Der Mythos von einer großen antireligiösen Verschwörung nahm seinen Lauf.

Von der Ketzerei zur Hexerei
Die Geißel der ketzerischen Hexer

Verbrennung von Wahrsagern und Zauberern

Am 22. August 1326 erhielten die Inquisitoren von Toulouse und Carcassonne in einem Schreiben die ausdrückliche päpstliche Anweisung, entschieden gegen Wahrsager und Zauberer vorzugehen. Diese Aufforderung wurde gründlich in die Tat umgesetzt: zwischen 1320 und 1350 erlitten in Carcassonne 200 und in Toulouse 400 der Zauberei angeklagte Personen den Feuertod.

Bernard Gui

Noch kurz vor den offiziellen päpstlichen Verlautbarungen entstand das *Praktische Handbuch der ketzerischen*

Verderbtheit, geschrieben zwischen 1314 und 1316 von Bernard Gui, einem Angehörigen des Dominikanerordens. Obwohl sich die Schrift vornehmlich mit dem Delikt der Ketzerei beschäftigt, sind zugleich bereits passende Prozeßformulare für Zauberer und Wahrsager enthalten.

Ketzerische Zauberei

In Italien, Frankreich, der Schweiz und den deutschen Territorien führte man in der Folgezeit Prozesse, die sich mit dem Doppelverbrechen der Ketzerei und Zauberei befaßten. Nach Nikolaus Eymericus, dem dominikanischen Generalinquisitor von Aragon, der 1376 ein vielgelesenes und von Inquisitoren hochgeschätztes Buch schrieb, steht es eindeutig fest, daß die Zauberer in der Regal als Ketzer anzusehen seien. Damit fielen diese *sortilegi haereticales*, die ketzerischen Wahrsager, eindeutig unter die Rechtsprechung der Inquisition.

Vom Vorwurf der ketzerischen Zauberei waren auch die Waldenser betroffen, welche zwischen 1459 und 1462 in Arras und Umgebung vor Gericht standen. Sie gestanden unter der Folter, einer Sekte im Dienst des Teufels anzugehören, die den Satanskult praktizierte, auf einem kleinen Stab zu ihren Versammlungen, dem Hexensabbat, zu fliegen, sich mit einer speziellen Salbe, der Hexensalbe, einzuölen, in einem Wald bei Arras den Teufel in Gestalt eines Ziegenbocks, Hundes, eines Affen oder Menschen zu treffen und - besonders wichtig- Felder unfruchtbar zu machen, Menschen und Tiere zu töten, Seuchen auszulösen sowie Gewitter und Stürme herbeizurufen (Tafel VII, Seite 105). Das Delikt, auf zauberische Weise Schaden zu stiften, tritt deutlich hervor. Gerade vor der großen Gefahr, daß diese neue Zaubersekte verabscheuenswürdige Taten beginge, warnte zeitgleich der bekannte nordfranzösische Inquisitor Nicolaus Jacquier in seiner Abhandlung *Die Geißel der ketzerischen Hexer* von 1458. Ketzer, Zauberer und teuflische Hexen schlossen sich vermeintlich zu einem Kreis zusammen.

Glaubenseifer der Theologen

Um 1400 ereignete sich im Obersimmental in der Herrschaft Simmenegg Sonderbares. Unter anderem konnte ein gewisser Staedelin, der Ackerbau und Viehzucht betrieb und darüber hinaus eine kleine Scheune besaß, bei weitem bessere Ernten einfahren als alle anderen. Dies schien äußerst verdächtig zu sein. Gerüchte wurden laut, er habe Heu, Getreide und Früchte von fremden Äckern auf geheimnisvolle, unsichtbare Weise auf seinen eigenen Acker herübergeschafft. Aber nicht genug, war er doch anscheinend in der Lage, die Ernte und den gesamten Besitz seiner Nachbarn sogar gänzlich vernichten, indem er Blitze erzeugen und in Häuser einschlagen lassen konnte oder Hagel über den Feldern anderer niederließ. Die Möglichkeit des Wetterzaubers war ein weit verbreiteter alter Volksglauben.

Teufel vollbringen Wetterzauber

Wie Staedelin nach seiner Festnahme gestand, gehöre er einer Hexensekte an. Nach der vierten Folter bekannte er schließlich, daß ihm dieser Schadenzauber gelang, nachdem er den obersten aller Teufel um Hilfe angerufen habe. Dieser habe ihm dann einen seiner zahlreichen untergebenen Teufel geschickt. Im Gegenzug zu den Opfern, die Staedelin diesem Teufel immer wieder darbrachte, übte dieser für ihn die gewünschten Schädigungen wie Hagel und Blitz aus. Für den heidnischen Wetterzauber genügten allerdings bestimmte Formeln oder Rituale, wie Steine ins Wasser werfen oder ein Zaubergebräu mischen und auf die Felder schütten. Staedelin mußte sich

Die Ketzerei der Hexen …

… eine ungewohnte ketzerische Bosheit in dem Acker des Herrn

**Zwei Hexen in zeit-
gemäßer Frauentracht
sieden Hagel**

*Anonymer Holzschnitt zu Ulrich
Molitor: Tractatus von den bosen
Weibern, die man nennet die Hexen,
Ulm, 1490/91;
Cornell University Library*

einen unspektakulären Regen. Obschon der Teufel in diesem Fall von
ketzerischer Hexerei bereits für die
Ausführung des Schadens unabdingbar
nötig war, konnte man ihm aber doch
noch ein Schnippchen schlagen. Die
späteren Hexenprozesse zeichneten
sich dagegen gerade dadurch aus,
daß man der Macht des Teufels ohne
jegliche Möglichkeit zur Gegenwehr
ausgeliefert war.

*Baseler Konzil diskutiert
über neue Hexensekte*

Die Simmentaler Verfolgungen, in
deren Verlauf außer Staedelin weitere
Personen beiderlei Geschlechts wegen
Zauberei abgeurteilt wurden, leitete
der Berner Landvogt und Richter
Peter von Gruyerz, der zugleich Ge-
währsmann des Dominikaners Johannes Nider war. Dieser Wiener Theo-
logieprofessor und spätere Prior des
Predigerklosters in Nürnberg stellte
die Vorgänge aus dem Obersimmental
auf dem Konzil in Basel zwischen 1431
und 1437 einem breiten geistlichen
Publikum zur öffentlichen Diskussion.
Menschen aus zahlreichen europäischen Ländern trafen sich zu dieser
Zeit in Basel und trugen die Neuigkei-
ten über eine sich ausweitende, gefährliche Hexensekte nach Verlassen des
Konzils bis in ferne Regionen weiter.
Nider selbst machte mit seiner 1441
entstandenen Schrift *Formicarius de
malefici*, dem sogenannten Ameisen-
buch, die deutschen Territorien mit
dem noch vornehmlich in den Al-
pentälern grassierenden Hexenwesen
bekannt. So tauchte der Begriff *hexerey*
überdies erstmals in einem deutsch-
sprachigen Gerichtstext im Rahmen
eines Luzerner Zauberprozesses aus
dem Jahre 1419 auf.

dagegen an den Teufel wenden. Der
traditionellen Vorstellung noch ganz
ähnlich, konnte der Schadenzauber im
Falle Staedelins sogar durch einen Gegenzauber gebannt werden – allerdings
durch einen christlichen Gegenzauber
wie ein Gebet zu den Kreuznägeln
Christi oder ein Kreuzzeichen. Der
Hagel verwandelte sich hiermit in

*Der Liebeszauber
nach mittelalter-
licher Vorstellung*

*Anonym, Ölgemälde,
fläm. Schule, 15. Jh.;
Museum der
Bildenden Künste, Leipzig*

Eine sich verschlechternde Welt

Es bestand große Einigkeit darüber, daß diese neue Hexensekte ständig anwachse und als die gefährlichste aller Ketzersekten anzusehen sei. Man erkannte als Entstehungszeitraum der Hexensekte bereits damals die Jahre kurz vor 1378, als die Einheit der katholischen Kirche durch das abendländische Schisma zerbrach. Die Gültigkeit der Sakramente und damit das ewige Seelenheil waren in Frage gestellt. Die Zeichen der Zeit deuteten auf eine Verschlechterung der Welt, die immer sündiger zu werden schien und sich dem Untergang näherte.

Die außerordentliche Macht der Hexensekte

Papst Eugen IV. zeigte sich besorgt darüber, daß das Gebiet von Savoyen mit Männern und Frauen überfüllt sei, die in der Bevölkerung als *strigulae* und *vaudenses* bezeichnet würden.

Der Name der Waldenser wird von ihm gleichzeitig als Bezeichnung für die Hexensekte verwendet. Diese äußerst mächtigen Gegenspieler der Kirche seien entschieden zu bekämpfen. Er richtete an alle Inquisitoren 1437 ein Schreiben, in dem er den Zauberern Teufelsanbetung, Hostien- und Kreuzschändung, Dämonenanrufung, Wahrsagerei und Wetterzauber unterstellte.

In ähnlichem Zusammenhang fliegen in einer Handschrift des *Champion de dames* von Martin LeFranc, der auf dem Basler Konzil Sekretär Felix' V. war, zwei Frauen auf einem Stock bzw. auf einem Besen durch die Lüfte. Wie aus der Marginalie eindeutig zu entnehmen ist, werden sie jedoch als *Vaudoises* bezeichnet *(Tafel VI, Seite 104)*.

Noch Zauberei oder bereits Hexerei?

Das Wettermachen, Schaden- und Liebeszaubern und Wahrsagen durch zauberkundige Personen hatte eine sehr lange Tradition, wurde jedoch nur in Einzelfällen bei einer nachweislichen Schädigung geahndet. Diese volksmagischen Praktiken beruhten nicht wie die Schandtaten der späteren Hexerei auf einem Teufelspakt. Bis zur Mitte des 15. Jahrhunderts wurden in Deutschland beispielsweise lediglich traditionelle Zauberprozesse geführt, in deren Verlauf es meist um das Anhexen von Krankheiten, um Wetter- oder Liebeszauber ging. Diese Prozesse lösten keine Massenverfolgungen aus, lediglich einzelne Personen wurden dabei verurteilt und bestraft.

Strafen für traditionelle Zauberer

So wurde die »alt Schöttin« 1386 als Zauberin aus München gejagt. Leibstrafen verhängte man 1431 über den Zauberer Schneider aufgrund »unchristlicher Buberei«, man stach ihm die Augen aus und schnitt ihm die Zunge ab.

Noch 1542 wurde die »Agnes auf dem Färbergraben« der Stadt München verwiesen. Nur mit den Mitteln der traditionellen Zauberei und ganz ohne Teufelspakt soll sie zuerst mit dem Kapellmeister Ludwig Senfl und dann mit dem Dechant Unserer Lieben Frau »in Unehren gehaust« haben. Dies war ihr allerdings nur möglich, nachdem sie beiden Männern mit selbstgebrauten Liebestränken das Gedächtnis, die Vernunft und die »Leibsgesundheit« geraubt hatte. Mangels objektiver Beweise mußte der Henker mit Hilfe von Daumenschrauben ein Geständnis erzwingen.

War im *Canon episcopi* noch von Einflüsterungen und Vortäuschungen böser Dämonen die Rede und der Glaube an Zauberei und Wahrsagerei unter Strafe gestellt, so vertraten die meisten Theologen inzwischen die gegensätzliche Meinung. So existierten die Hexen und Zauberer nach Ansicht des Inquisitors Nicolaus Jacquier tatsächlich. Die Hexensekte begehe ihre Schandtaten nicht nur in der Phantasie oder im Traumzustand, sondern wirklich. Es sei sogar ein erstaunlicher Kunstgriff des Teufels, daß er den Glauben zu verbreiten suche, als gehörten die Hexenfahrten nur ins Reich der Träume.

Die Dämonologen waren sich durchaus nicht einig, ob die Geständnisse der Hexen als tatsächlich wahr oder nur erfunden zu betrachten seien. Johannes Nider hob in diesem Zusammenhang als erster die Bedeutung der Hexensalbe hervor, die Traumillusionen hervorrufe. Es stellte sich also das theologische Problem, ob der Teufel wirklich Einfluß auf Menschen ausüben und diese verführen könne beziehungsweise ob die Möglichkeit nächtlicher Flüge und des Schadenzaubers aus der Bibel zu belegen sei.

Renaissance der Dämonenlehre

Thomas von Aquin gelang es im 13. Jahrhundert, die augustinische Dämonenlehre neu zu beleben und weiter auszubauen. Schon Augustinus hielt einen Paktschluß zwischen Dämonen und Menschen für prinzipiell möglich. Thomas von Aquin vertiefte nun diese Annahme, indem er besonders die Vorstellung einer sexuellen Kontaktaufnahme hervorhob. Den Frauen erscheine der Dämon in männlicher Form, als Incubus, den Männern als

weiblicher Dämon, dem sogenannten Succubus. Zusätzlich kam es mit der Renaissance von Schriften zur Dämonenlehre zu einer Wiederaufnahme älterer frauenfeindlicher Einstellungen. Mit Augustinus und Gratian glaubte auch Thomas von Aquin an eine geistige und körperliche Minderwertigkeit der Frau und einer damit verbundenen leichteren Verführbarkeit des weiblichen Geschlechts durch Dämonen. Von besonderer Bedeutung erscheint des weiteren die Annahme vonseiten der scholastischen Theologie, die Kontaktaufnahme zwischen Menschen und Dämonen geschehe mit Hilfe volksmagischer Praktiken, diese seien deshalb besonders gefährlich.

Sind Hexen doch keine Täuschungen der Phantasie ...

... denn sie fahren bei der Nacht auf Besen, Ofengabeln, Katzen und Böcken

Man unterschied also generell nicht mehr zwischen Dämonenpakt und Teufelsanbetung auf der einen, und traditionellen Formen der Magie, Zauberei und des Aberglaubens auf der anderen Seite.

Dem Teufel mit eigenem Blut verschrieben

So verbreiteten sich in theologischen Kreisen Ansichten wie beispielsweise die folgenden, die 1475 in der nördlichen Oberpfalz und Heidelberg aufgezeichnet wurden. Vermeintliche Hexen hatten vor ihrer Hinrichtung gestanden, was die Theologen hören wollten: daß sie bei der Nacht führen auf Besen, Ofengabeln, Katzen, Böcken oder anderen dazu dienenden Dingen, zu der *snagoga* [Hexenversammlung] zögen,

wo neue Sektenmitglieder dem Teufel übergeben würden, daß sie den Teufel in Gestalt eines Bockes, einer schwarzen Katze oder eines Menschen anbeteten, mit ihm buhlten, gräßliche Orgien feierten, bei denen gebratene Kinder gegessen, Salben hergestellt und Unzucht getrieben werde, und daß immer weitere Mitglieder sich dem Teufel mit ihrem eigenen Blut verschrieben.

Suchten die Theologen in erster Linie nach dem Abfall von Gott, dem ketzerischen Verhalten, und nicht nach Schädigungen von Menschen, Tieren oder Früchten, so ging in der einfachen Bevölkerung vor allem die traditionelle Angst vor nachtfahrenden, schädigenden, wettermachenden und giftmischenden Zauberinnen, Geistern, Dämonen und Werwölfen um.

Fliegende Hexen in teils menschlicher, teils tierischer Gestalt, die auf einem wahrscheinlich gesalbten Stecken durch die Luft reiten

Eine typische, auf sexuelle Lüste anspielende Hexenszene: Eine alte Hexe entführt eine jüngere zum Flug, während eine dritte sich nach Anweisungen auf einem Zettel für den Hexenflug salbt. Ziegenbock und Katzen symbolisieren Dämonen

Die päpstlichen Inquisitoren stießen bei ihrem Versuch, Leute aufzuspüren und zu verurteilen, denen sie Teufelspakt und Schadenzauber vorwarfen, mancherorts auf erheblichen Widerstand vonseiten der Bevölkerung, der Ortsbischöfe und weltlichen Gerichte. 1485 wurde zum Beispiel in Saragossa der dortige Inquisitor vom Bruder einer als Hexe hingerichteten Frau ermordet. Dorfpfarrer und Prediger behinderten mitunter gar die Arbeit der Inquisitoren. So weigerte sich der Pfarrer in Abensberg, etwas gegen vermeintliche Hexen in seiner Gemeinde zu unternehmen oder Hexenpredigten zu halten, um damit die Angst nicht unnötig weiter zu schüren.

Die kirchliche Hexenlehre im späten 15. Jahrhundert

Die Hexen sollst du nicht am Leben lassen

In dieser Situation erließ Papst Innozenz VIII. am 5. Dezember 1484 einen feierlichen Erlaß mit den Anfangsworten *Summis desiderantes affectibus*, die sogenannte *Hexenbulle*.

....

Mit höchstem Verlangen wünschend …

....

Der Papst weist in seiner Verlautbarung insbesondere diejenigen Geistlichen und Laien streng zurecht, welche die päpstlichen Legaten in der Ausübung ihrer Tätigkeit behinderten und diese sogar als maßlose Kompetenzüberschreitung empfanden. Innozenz VIII. wünschte die Unterstützung seiner Inquisitoren und die Aufklärung der Bevölkerung über die Gefährlichkeit der Hexensekte sowie der verbreiteten magischen Praktiken. Die Machtbefugnisse insbesondere zweier Inquisitoren wollte er gefestigt und erweitert wissen, die gerade in Oberdeutschland, in der Diözese Konstanz und in Tirol versuchten, ihr Amt auszuüben. Institoris war 1474 zum Inquisitor für Süddeutschland ernannt worden, Sprenger, Professor der Theologie an der Universität Köln, war bereits seit 1470 Inquisitor für das Rheinland. Diese beiden Dominikaner Heinrich Cramer alias Institoris und Jacob Sprenger waren soeben auf heftigen Widerstand des Volkes und lokaler Autoritäten gestoßen. Sie sahen sich also durchaus genötigt, vom Papst Unterstützung zu erwirken, der ihnen diese im Rahmen seiner *Hexenbulle* auch gewährte. Ausdrücklich wird den beiden die Weiterführung ihrer Prozesse erlaubt und die lokalen geistlichen und weltlichen Behörden werden zur Aufgabe ihres Widerstandes aufgefordert.

....

Ein verrückter Inquisitor?

....

Im Sommer und Herbst 1485 versuchte Institoris sodann in Tirol eine Hexenverfolgung anzuzetteln. Gemeinsam konnten die Bürger von Innsbruck, der zuständige Bischof und die Tiroler Landstände dies schließlich verhindern. Der Innsbrucker Prozeß endete 1486 mit einem Mißerfolg für den Inquisitor.

Der Bischof von Brixen, Georg Gosler, erklärte seinem Domkapitel, dieser gerade in der Stadt anwesende Inquisitor Heinrich Institoris sei nicht ganz ernst zu nehmen, er halte ihn für verrückt. In einem Brief erteilte der Bischof deswegen dem Inquisitor, der auch vom Volk abgelehnt wurde, den Rat: »Eure Väterlichkeit sollte wirklich, wie ich schon vorher ihr zugeredet habe, in ihr Kloster zurückkehren […] Ich habe es Euerer Väterlichkeit schon oft gesagt, daß sie unter den

Uns ist neuerdings zu unserem nicht geringen Leidwesen zu Ohren gekommen, daß in einigen Teilen von Oberdeutschland sowie in den Städten, Ländern, Orten und Bistümern der Kirchenprovinzen von Mainz, Köln, Trier, Salzburg und Bremen eine große Anzahl von Personen beiderlei Geschlechts, des eigenen Heiles vergessend und vom katholischen Glauben abfallend, mit oben oder auch unten liegenden Teufeln (daemonibus incubis et succubis) Unzucht treiben und mit ihren Zaubersprüchen, Beschwörungen und Verschwörungen sowie anderen abscheulichen abergläubischen Handlungen, zauberischen Übertretungen, Verbrechen und Vergehen bewirken, daß die Geburten der Frauen, die Jungen der Tiere, die Feldfrüchte, die Weintrauben und die Früchte der Bäume sowie auch Männer, Frauen, Zugtiere, Kleinvieh, Schafe und andere Lebewesen unterschiedlicher Art, die Weinberge auch, die Obstgärten, Wiesen, Weiden und das Korn sowie andere Erzeugnisse des Bodens verderben, ersticken und umkommen. Und sie belegen die Männer, die Frauen, das Groß- und Kleinvieh und die Lebewesen mit grausamen inneren und äußeren Schmerzen und Qualen und peinigen sie; gleichzeitig verhindern sie, daß die Männer zu zeigen, die Frauen zu empfangen, Verheiratete sich die ehelichen Pflichten zu leisten vermögen. Und außerdem, daß diese Menschen selbst den Glauben, welchen sie durch den Empfang der heiligen Taufe angenommen haben, mit eidbrüchigem Munde abzuleugnen und viele andere Ruchlosigkeiten, Sünden und Verbrechen, angestiftet durch den Feind des Menschengeschlechtes, zu begehen und zu vollbringen sich nicht scheuen, zur Gefahr ihrer Seelen, zur Beleidigung der göttlichen Majestät und zum schädlichen Beispiel und Ärgernis für viele.

Abschnitt aus der Hexenbulle von Papst Innozenz VIII., Rom 1484

jetzigen Umständen in meiner Diözese nichts ausrichten, sondern dieselbe verlassen sollte.«

----

*Der Autor eines
fragwürdigen Bestsellers*

Heinrich Cramer, der seinen Namen in Institoris latinisierte, ließ sich auch durch Rückschläge nicht von seinem Vorhaben abbringen, diesen ketzerischen Feinden Gottes nachzuspüren. 1487 erschien sein umfassendes Handbuch zur Hexenfrage, der *Malleus maleficarum*, besser bekannt als *Hexenhammer*. Diesem Traktat stellte der Dominikaner die päpstliche Bulle von 1484 voran, ein gefälschtes Anerkennungsschreiben durch die theologische Fakultät der Kölner Universität und eine *Apologia auctoris*, in welcher er seinen Ordensbruder Jacob Sprenger als Mitverfasser anführt. Es konnte nachgewiesen werden, daß Institoris die Autorität des weniger zweifelhaft erscheinenden Inquisitors Sprenger bewußt zur Irreführung des Lesers und als Täuschungsmanöver erwähnte.

Im Gegensatz zu Sprenger stand Institoris inzwischen in schlechtem Ruf. Von seinen Ordensoberen mußte er 1474 wegen gehässiger Predigttätigkeit gegen Kaiser Friedrich III. mit Haft belegt werden, und acht Jahre später erging durch Papst Sixtus IV. ein Haftbefehl gegen ihn wegen Unterschlagung von Ablaßgeldern. All das sowie seine fehlgeschlagenen Verfolgungsversuche waren nicht gerade eine Empfehlung.

Hammer der Schadenstifterinnen

Das vor allem für Theologen und Juristen bestimmte Nachschlagewerk von Institoris besteht aus drei großen Teilen mit insgesamt 77 Fragen und deren Beantwortung.

❦ Der erste Teil erklärt, daß es Hexerei tatsächlich gibt. Ihr Ursprung ist im Willen des Teufels zu sehen, der unter Zuhilfenahme der Hexen handelt, allerdings nur unter Zulassung Gottes. Die Angst des Autors vor dem bevorstehenden Weltenende wird deutlich bei der Beantwortung der Frage, warum gerade jetzt die ketzerischen Sekten der Waldenser und Hexen so zahlreich auftreten: Der Teufel weiß, daß er nur noch wenig Zeit hat, um die Welt und vor allem die Kirche zu vergiften. Um den *Canon episcopi* zu widerlegen und die Existenz des Hexenverbrechens zu beweisen, werden zahlreiche theologische Autoritäten bemüht und die in der Folgezeit stets von neuem ausgebreiteten Bibelstellen zitiert, wie Leviticus 19: »Wessen Seele sich zu Magiern und Wahrsagern neigte und mit ihnen hurte, gegen die will ich mein Antlitz erheben und will sie vertilgen aus der Schar meines Volkes. [...] Ist in einem Mann oder Weib ein Toten- oder Wahrsagegeist, so sollen sie des Todes sterben. Steinigen soll man sie, Blutschuld belastet sie.« und natürlich Exodus 22: »Eine Zauberin darfst du nicht am Leben lassen.«. Die gefährliche Schlußfolgerung, die Institoris zieht, besteht in der kühnen Behauptung, daß jeder, der die Realität der Hexerei leugne, selbst ein Ketzer sei.

❦ Es folgt im zweiten Teil eine Erläuterung der Art und Weise, wie der Teufel und seine menschlichen, insbesondere weiblichen Gehilfen vorgehen, um folgende Schäden – hier einige Ausschnitte – zu verursachen:

6. Über die Art, wie sie die Zeugungskraft zu hemmen pflegen
7. Über die Art, wie sie die männlichen Glieder wegzuhexen pflegen
11. Über die Weise, wie sie jede Art von Krankheiten anhexen können
13. Über die Art, wie die Hexenhebammen noch größere Schädigungen antun, indem sie die Kinder entweder töten, oder sie den Dämonen weihen
14. Über die Art, wie die Hexen den Haustieren verschiedenen Schaden antun
15. Über die Art, wie sie Hagelschlag und Gewitter zu erregen und auch Blitze auf Menschen und Haustiere zu schleudern pflegen

Direkt daran schließt sich die Darstellung verschiedener kirchlich erlaubter Exorzismen gegen die einzelnen Schädigungen an, »Über die Arten, Behexungen zu beheben oder zu heilen«, und zuletzt folgt ein Auszug über »Gewisse geheime Mittel gegen gewisse geheime Anfechtungen seitens der Dämonen«.

Dieser Holzschnitt zu einem populären juristischen Handbuch behandelt das zeitgenössische Prozeßverfahren gegen Hexen. Im Mittelpunkt der Illustration beschwört ein Zauberer in einem magischen Kreis Dämonen. Die zahlreichen anschaulich dargestellten Schadenzaubertaten der Hexen führen unweigerlich zum Feuertod, der Strafe für Gottesleugner und Teufelsbündler

Hans Schäuffelein, Holzschnitt zu Ulrich Tengler: Der neü Layenspiegel, Augsburg, Hans Otmar, 1511; Graphische Sammlung, München

⚘ Der dritte Teil beschäftigt sich mit dem gerichtlichen Vorgehen gegen die Hexen vom Verdacht über die Folter, den Vorsichtsmaßnahmen, die von den Richtern im Umgang mit den Hexen zu beachten sind, bis hin zur Verurteilung. Die Hexen sollten unter anderem vom Erdboden ferngehalten werden, man hielt sie deshalb mitunter in freischwebenden Käfigen gefangen, um auf diese Art und Weise ihre magischen Kräfte zu bannen, die sie offenbar aus dem Kontakt mit dem Boden bezogen. Des weiteren wird vorgeschlagen, die Verhöre – so möglich – an Feiertagen zur Zeit der Meßfeier stattfinden zu lassen. Dabei konnte man die positive Wirkung auf die Geständnisbereitschaft noch verstärken, indem man die auf einen Zettel geschriebenen sieben Worte Jesu am Kreuz zusammen mit gesegnetem Wachs und Reliquien um den Hals der Angeklagten hängte.

Das von der Kirche offiziell autorisierte Buch mit seinen theologischen Abhandlungen wie auch praktischen Handreichungen und juristischen Ratschlägen für Inquisitoren und Richter erreichte noch zu Lebzeiten des Autors 10 Auflagen, bis 1669 wurden weitere 24 Auflagen gedruckt.

Als Nachschlagewerk empfohlen

Als sich etwa Herzog Wilhelm V. von Bayern im Jahre 1590, also etwas über 100 Jahre nach Erscheinen des *Hexenhammers*, Rat suchend an die Theologen und Juristen seiner Landesuniversität in Ingolstadt wandte, wurde ihm unter anderem dieser Traktat anempfohlen. Seine Richter sollten sowohl die Hexenakten aus den Hochstiften Eichstätt und Augsburg, wo das Hexenwesen schon um sich griff, sowie

den *Malleus maleficarum* gründlich studieren, um auf das Übergreifen der Hexerei in das Herzogtum Bayern vorbereitet zu sein. In diesem Buch war einfach alles abgehandelt, was man zur Durchführung eines Hexenprozesses wissen mußte.

Viele alte Zöpfe …

Der Autor des *Hexenhammers* weist bereits in der Vorrede darauf hin, daß er im wesentlichen die Erkenntnisse verschiedener anderer, älterer Autoren und deren Werke zusammengetragen habe. So beruft er sich tatsächlich in eklektischer Weise, außer auf die Bibel und Kirchenlehrer wie Thomas von Aquin, auf Nikolaus Eymericus' Handbuch von 1376, besonders häufig auf Niders *Formicarius de malefici* von 1437 und viele andere mehr oder weniger umfangreiche Traktate. So wechseln sich Zitate aus der Bibel, verschiedener Inquisitoren und Beispiele aus seiner eigenen Praxis ab, ohne grundsätzlich Neues zu bringen.

… und ein paar Neuerungen

Der Verfasser zeigt sich intensiver bemüht als seine Vordenker, die weltlichen Gerichte für das Verbrechen der Hexerei zu interessieren. Indem er die zauberischen Schädigungen, die *maleficia*, besonders eindringlich in den Vordergrund stellt und diese abscheulichen Taten gründlich behandelt, bietet er den weltlichen Gerichten wichtige Delikte an, die von diesen auch untersucht und bestraft werden konnten. Die Hexerei sollte damit noch stärker als zuvor in den Zuständigkeitsbereich der weltlichen Verfolgungsinstitute verlagert werden. Das Verbrechen bestand nicht nur im Abfall von Gott,

Für ein und dieselben Angeklagten bestand die Möglichkeit der doppelten Bestrafung: für das geistliche Delikt der Ketzerei und für den verursachten weltlichen Schaden

sondern eben auch aus der Schadenstiftung, welche vornehmlichdas weltliche Gericht anging. Für ein und dieselben Angeklagten bestand eine doppelte Zuständigkeit und damit die Möglichkeit der doppelten Bestrafung, einerseits für das Delikt der Ketzerei und andererseits für den verursachten irdischen Schaden. Letztlich mußten sich geistliche und weltliche Richter an der Aufklärung dieses *crimen mixtum* beteiligen, um erfolgreich vorgehen zu können.

Um noch entschiedener gegen das schwer beweis- und nachweisbare Verbrechen der Hexerei einschreiten zu können, mußte das Delikt als Ausnahmeverbrechen, als *crimen exceptum*, definiert werden. Wie Institoris betont, ist das Verbrechen der Hexerei so außergewöhnlich scheußlich, daß selbst bei Bußfertigkeit kein Anspruch auf Begnadigung zugestanden werden könne, wenn die Reue ungenügend oder die Verbrechen zu groß seien. Stand bereits auf Majestätsbeleidigung die Todesstrafe, so war dies für die schlimmste Art dieses Verbrechens, die Beleidigung der höchsten, der göttlichen Majestät, erst recht angebracht. Die Hexerei konnte in der Folgezeit als *crimen exceptum* behandelt werden. Die bestehenden Schutzmaßnahmen für den Angeklagten mußten hierzu

allerdings außer Kraft gesetzt werden, so daß bereits jeder auch nur Denunzierte außerhalb des gemeinen Rechtes gestellt werden konnte. Das machte verfahrensrechtliche Neuerungen notwendig, die man eben mit der Schwere des Verbrechens begründen konnte. Das geltende Recht der *Carolina*, der auf dem Reichstag von 1532 angenommenen Peinlichen Halsgerichtsordnung Kaiser Karls V., in welcher auch Maßstäbe für die Anwendung der Folter enthalten sind, konnte mit dem Argument des Ausnahmeverbrechens zunehmend umgangen werden.

Sprach Papst Innozenz VIII. in seiner *Hexenbulle* noch von Personen beiderlei Geschlechts, so gelten für Heinrich Institoris die Frauen als prinzipiell Hauptverdächtige der Hexerei. Sein Traktat ist bezeichnenderweise mit *Malleus maleficarum* und nicht mit *Malleus maleficorum* überschrieben. Es sind ganz offensichtlich die Frauen, die den Einflüsterungen der Dämonen leichter erliegen. Gründlich geht der Papst in seiner Abhandlung der Frage nach, warum sich unter den Frauen mehr Hexen befinden als unter den Männern. Dabei greift er auf frauenfeindliche Einstellungen zurück, die in klerikalen Kreisen nicht neu waren und die er mit vielen seiner Zeitgenossen teilte.

Der Tradition der jüdisch-alttestamentarischen Überlieferung, der eines Thomas von Aquin sowie der aristotelischen Biologie folgend, welche die Frau als »verstümmelten Mann« interpretierte, findet auch Institoris zahlreiche Gründe für die abergläubische und zauberische Veranlagung der Frauen. Wie viele moraltheologische Schriften des 15. Jahrhunderts zählt der *Hexenhammer* in stereotypen Phrasen die Mängel des weiblichen Geschlechts auf, wie »Die Weiber sind leichten Verstandes, fast wie die Knaben … Gering ist alle Bosheit gegen die Bosheit des Weibes … Das Weib ist bitterer als der Tod …« und vieles mehr. Als Ursachen für die verstärkte Zuwendung der Frauen zum ketzerischen Hexenwesen nennt er

Zur Frauenfeindlichkeit der Kirche

Ihr Anblick ist schön, die Berührung garstig, der Umgang tödlich

darüber hinaus ihre Unduldsamkeit, Streitsucht, Neid, Rachsucht, Herrschsucht, Lügenhaftigkeit und Eitelkeit.

Schon Eva konnte leicht vom Teufel verführt werden aufgrund ihrer Leichtgläubigkeit, ihrer geistigen Unterlegenheit und ihrer maßlosen Begierden. Diese schlechten Eigenschaften habe Eva auf alle Frauen vererbt. Der Mann sei damit der ständigen Gefahr der Versuchung und Verführung ausgesetzt. Die Frau ist lediglich eine Zweitschöpfung, die Schuld an der Verstoßung aus dem Paradies trage. Ihre Geschlechtsgenossinnen seien damit für alle Zeiten eine Quelle des Untergangs, durch sie werde der Mann sündhaft und dazu verleitet, vom Glauben abzufallen. Natürlich waren der Kirche die Frauen zudem deshalb verdächtig, da sie zumeist ein altes

Wissen, das als heidnisch und abergläubisch abgewertet wurde, besaßen und an ihre Töchter weitergaben.

Glaubensabfall ist ihre natürliche Anlage

Von Natur aus seien die Frauen laut Institoris weniger fest im Glauben. Sie zweifeln leicht und haben keinen Glauben an die Worte Gottes. Um dies zu erläutern, muß selbst die falsche Etymologie des Wortes »femina« herhalten: »das Wort f e m i n a nämlich kommt von f e und m i n u s (fe = fides, minus = weniger, also femina = die weniger Glauben hat) […] Also schlecht ist das Weib von Natur, da es schneller am Glauben zweifelt, auch schneller den Glauben ableugnet, was die Grundlage für die Hexerei ist.«

Alles geschieht aus fleischlicher Begierde …

Nach Ansicht vieler mittelalterlicher Autoren bestand in der sinnlichen, erotischen Ausstrahlung der Frau die stärkste Bedrohung für den Mann und sein Seelenheil. Er war ständig gefährdet, ihren Reizen zu erliegen und durch sie zum Bösen verführt zu werden.

Selbstverständlich fürchteten die zölibatär lebenden Kleriker und Mönche die weiblichen Reize und deren Verleitungen. So wurde fleißig vor der großen Versucherin und der Ehe gewarnt, wie zum Beispiel im Stile eines Textes aus dem 11. Jahrhundert: »Glaub mir, Bruder, alle Ehemänner sind unglücklich. […] Wer eine schlechte Ehefrau hat, ekelt sich vor ihr und haßt sie, ist sie aber schön, hat er schreckliche Angst vor Nebenbuhlern. Schönheit und Tugend sind

Die Frau in ihrer Nacktheit und mit wehendem offenen Haar als gefährliche »Versuchung der Einsiedler« und deren Seelenheil

unvereinbar. Die Frau, die ihrem Gatten zärtliche Umarmungen zuteil werden läßt und ihn mit süßen Küssen bedeckt, spritzt ihm Gift in die Stille seines Herzens! Die Frau hat vor nichts Angst; sie glaubt, alles sei erlaubt.« Die Angst vor dieser Bedrohung, der die Kleriker ausgesetzt waren, kommt auch in mittelalterlichen Vorschriften zum Ausdruck, daß Priester unter 30 Jahren keine weiblichen Beichtkinder haben sollten und Frauen generell nur tagsüber und nicht abends zu beichten hätten.

Die Geistlichen, die in ihren Predigten die Frau verteufelten – und dazu waren sie aufgefordert – trugen auf diese Weise nicht unerheblich zur Verbreitung ihres theologisch begründeten Frauenhasses bei. Und dieser ging bis hin zur Kastrationsangst. Institoris beschäftigt sich über ein ganzes Kapitel hin mit der positiven Beantwortung der Frage: »Ob die Hexen durch gauklerische Vorspiegelungen die männlichen Glieder behexen, so daß sie gleichsam gänzlich aus den Körpern herausgerissen sind?«

Albrecht Altdorfer, Versuchung der Einsiedler, Kupferstich 1506; Wien, Albertina

Links: Baldung hat diese Darstellung dreier Hexen einem Klerikerfreund als Neujahrsgruß mit ironischer Anspielung auf nicht eingehaltenes Zölibat und erotische Phantasien zugedacht. Die Widmung: Dem Kleriker ein gutes neues Jahr

Rechts: Die schöne und sinnliche »Junge Hexe mit dem Drachen« verdeutlicht die neu entdeckte Magie des weiblichen Körpers in seiner erotischen und zugleich als bedrohlich empfundenen Ausstrahlung

*Neujahrsblatt,
Hans Baldung Grien,
Federzeichnung, weiß gehöht,
1514; Wien, Albertina*

*Hans Baldung Grien, Feder-
zeichnung, weiß gehöht, 1515;
Karlsruhe, Staatliche
Kunsthalle*

Nicht nur in Texten wie dem *Hexen-hammer* wird die alte weit verbreitete Angst vor dem anderen Geschlecht deutlich, sondern auch in der bildenden Kunst. Man entdeckte die Magie des Körpers, dessen Reize und die damit verbundene Gefährdung des männlichen Seelenheils sich auch in den Darstellungen von Hexen niederschlugen. So finden sich neben der buckligen alten Vettel, deren körperlicher Verfall Laster, Niedergang und Bosheit abbildete, die schöne bezaubernde und sinnliche junge Hexe, die allerdings erst recht zum Bösen verführte. Entsprechend warnt Odo, Abt von Cluny, sich nicht von äußerlicher Schönheit blenden zu lassen: »Die körperliche Schönheit reicht nicht bis unter die Haut. Wenn die Männer sähen, was sich unter der Haut verbirgt, würden sie sich beim Anblick einer Frau erbrechen. Wenn wir mit der Fingerspitze keinen Speichelfleck oder Kothaufen anrühren können, wie können wir uns wünschen, diesen Sack voll Unrat zu umarmen?« In die gleiche Kerbe schlägt Institoris, jedoch kürzer und prägnanter: »Ein schönes und zucht-

Impotentia ex maleficio, Kirchenskulptur des 16. Jhs.

loses Weib ist wie ein goldener Reif in der Nase der Sau.«

Diese Verdammung der Sexualität führte zugleich dazu, daß die Jungfräulichkeit als höchstes Gut betrachtet wurde. Zur gleichen Zeit, in der man Frauen vorzugsweise als Hexen brandmarkte, fand der schwärmerische Marienkult seinen Höhepunkt. Maria wurde zur unerreichbaren, idealen Frauenfigur hochstilisiert. Das Spätmittelalter zeichnet sich zudem durch eine große Zahl von Mystikerinnen aus. Die Frau war nicht nur in besonderem Maße den Einflüsterungen der Dämonen ausgesetzt, sondern gleichzeitig als Empfängerin göttlicher Visionen bevorzugt.

Der starke Verbündete der schwachen Frau

Es ist also für Institoris und sein klerikales Umfeld gar nicht erstaunlich, daß Frauen sozusagen genötigt sind, sich in Zauberei und Hexerei zu flüchten, um damit ihre körperlichen und geistig-seelischen Mängel auszugleichen. Mit Hilfe des einflußreichen Teufels und seiner Dämonen sind sie schließlich in der Lage, *maleficia* auszuüben und gewinnen auf diese Art Macht über andere. Das Delikt der Hexerei ist spätestens seit dem *Hexenhammer* auf das weibliche Geschlecht zugespitzt.

Bis zum Ausklang des 15. Jahrhunderts fanden die Prozesse gegen der Hexerei Verdächtige vornehmlich vor geistlichen Gerichten statt. Dies änderte sich zu Beginn des 16. Jahrhunderts: die geistlichen Richter stellten ihre Tätigkeit zunehmend ein. Die Inquisitionstribunale lösten sich in Deutschland und Frankreich um 1520 auf. Außer in Italien und Spanien wurde nun überwiegend vor weltlichen Gerichten verhandelt. Die Bildungselite setzte sich in erster Linie mit der protestantischen Reformation auseinander, so daß es in den ersten Jahrzehnten des 16. Jahrhunderts zu einem Verfolgungsrückgang kam. Die Theologen hatten bis zu diesem Zeitpunkt die Hexentheorie vollständig entwickelt; sie war in weiten Teilen Süd- und Westeuropas fest verankert und verbreitet. Verfolgungstheorie und -praxis wurden von päpstlicher Seite autorisiert. In Griechenland beispielsweise, wo man nicht der päpstlichen Führung und Weisung unterstand,

> Man sah früher niemals in Deutschland die Leute so sehr dem Teufel ergeben und verschrieben. Unglaublich ist die Gottlosigkeit, Unkeuschheit, Grausamkeit, welche unter Satans Anleitung diese verworfenen Weiber offen und insgeheim getrieben haben … nichts scheint gesichert zu sein gegen ihre entsetzlichen Künste und Kräfte. Der gerechte Gott läßt das zu wegen der schweren Vergehen des Volkes, welche man durch keine Buße sühnt.
> *Brief des Petrus Canisius SJ an den Ordensgeneral Laynez, Augsburg 1563*

sollte es zu keinerlei Hexenverbrennungen kommen.

Obgleich die institutionalisierte Vernichtung der Hexen und Zauberer, die nach 1570 heftig entbrannte, nunmehr Sache der Juristen war, hielten dennoch oftmals auch Theologen im Hintergrund weiterhin alle Fäden in der Hand. Nicht zufällig erreichte die Bilanz der Hexenverbrennungen einen traurigen Höhepunkt in den geistlichen Fürstentümern, wie in den rheinischen Hochstiften Trier, Köln und Mainz, den fränkischen Hochstiften Eichstätt, Bamberg und Würzburg sowie in den Gebieten der Fürstabtei Fulda und der Fürstpropstei Ellwangen. So warnte ein einflußreicher Je-

Die Verbreitung der Hexenlehre seit dem frühen 16. Jahrhundert

Brennen sollen die Aufrührer Gottes

suit, Jacob Gretser, 1612 den Fürstpropst von Ellwangen vor »der hartnäckigen Pest der Zauberer und Hexen«, denn »je verborgener, um so verderblicher schleicht dieses Übel«. Seine geistliche Empfehlung zur Bekämpfung dieser Pest ist die radikale Vernichtung: »Und wenn je bei einem Übel oder einer Krankheit, so gilt hier das Wort, eine unheilbare Wunde ist mit dem Messer auszuschneiden, damit der gesunde Teil nicht in Mitleidenschaft gezogen werde.«

Die jesuitische Führung

In den 60er Jahren des 16. Jahrhunderts nahmen Angehörige des Jesuitenordens, die die ideologische Leitung der Dominikaner weiterführten, eine verstärkte Predigttätigkeit in Deutschland auf.

die Menschen herabschießt. Was lag also näher, als die sich anscheinend immer weiter ausbreitende Sündhaftigkeit der Menschen und die gleichzeitige Zunahme der Hexen und Zauberer in Zusammenhang zu bringen, wie mit den Worten von Jean Bodin, um 1580: »Genauso wie Gott durch die bösen Geister, Vollstrecker seiner Gerechtigkeit, die Pest, Kriege und Hungersnöte schickt, macht er auch Hexenmeister, und das besonders, wenn der Name Gottes verhöhnt wird, wie es zur Zeit allerorten geschieht, und zwar mit einer solchen Unverfrorenheit und Zügellosigkeit, daß es sogar die Kinder tun.«

Rebellion ist die Mutter der Hexerei

Die theologische Elite nahm die Aufgabe wahr, einerseits die gebildete und politische Oberschicht wie Philosophen, Juristen und Fürsten vor den Gefahren der Hexensekte zu warnen. Die Richter mußten davon überzeugt werden, daß sie eine göttliche Mission zu erfüllen hätten, da die Hexensekte

Hexen salben sich für den Flug und reiten auf Besen durch den offenen Kamin davon, wobei sie Formeln murmeln wie »Hui! Oben aus und nirgends an! Wohlauf und davon, in tausend Teufels Namen!«

Hexen als göttliche Strafe

Vonseiten der Theologen und im Verlaufe des 16. Jahrhunderts in verstärktem Maße auch der Juristen etablierte sich die Lehrmeinung, daß Gott sich der Hexen und Dämonen bediene, um eine immer sündigere Menschheit zu strafen. Von jeher wurden Seuchen, Kriege und selbst die Gefahr durch Wölfe von den geistlichen Wortführern als Pfeile interpretiert, die Gott als Vollstreckung seiner Gerechtigkeit vom Himmel auf

Holzschnitt aus: Thomas Erastus: Repetitio disputationis de lamiis seu strigibus. Basel 1574; Paris, Bibliothèque nationale

Bei Abholung seiner lieben Getreuen, der Gabelreiterinnen und dergleichen zäuberischen Gesinde, richtet der Teufel in der Luft allerlei Feuerwerk und brausenden Sturmwind an, daß es scheine, wie man vergangener Tage dieser Orte am hellen Mittag erfahren, als ob in Gründen, Bergen und Wäldern Alles mit großem Krachen zu Boden gehen sollte, damit man ja höre, jetzt werde abermals eine Teufelsbraut heimgeführt, an der Lucifer und seine Gesellen einen feisten Braten zu haben verhoffen [...] Wer dergleichen schreckliche Gräuel noch beschönen und vertheidigen will, gibt zu verstehen, er gehöre auch unter diese des Teufels Bundesgenossen.
Hexenpredigt des hennebergischen Superintendenten Johannes Zehner, Schleusingen 1613

nicht nur die Kirche, sondern auch den Staat bedrohe. Die Hexen zeigen sich rebellisch gegen Staat und Kirche. Dämonologen wie Henri Boguet versuchten, die Angst der herrschenden Elite vor den erschreckenden Ausmaßen der Teufelshelfer zu schüren. So errechnete Boguet für 1602 eine Zahl von 1 800 000 Hexen und Hexenmeistern in Europa, es gebe »überall Hexen zu Tausenden, die sich auf der Erde vermehren wie Würmer in einem Garten«. Die Justiz müsse in Anbetracht dieser bedrohlichen Situation rasch und entschieden vorgehen, sonst sei alles verloren. Natürlich waren auch die Fürsten und Könige aufgerufen, ihre wichtigen Aufgaben bei der Vernichtung der Hexen zu erfüllen. Die Theologen betonten immer wieder, daß die weltlichen Herrscher die Verantwortung für die Belange ihrer Untertanen trügen, auch für deren Seelenheil. Fürsten, die bei der Verfolgung der Feinde Gottes zu nachlässig verfahren, werden im Jenseits ihrerseits die entsprechenden göttlichen Strafen zu ertragen haben.

Die Abholung der Teufelsbraut

Andererseits hatten die Kleriker den mitunter schwierigen Auftrag zu bewältigen, den theologisch ausgearbeiteten Hexenglauben in der Bevölkerung zu festigen. Konnten Konzepte wie der Teufelspakt, der Hexensabbat und die Teufelsbuhlschaft in kirchlichen und gebildeten Kreisen rasch Fuß fassen, so kämpften viele Landprediger gegen Skepsis und Ablehnung aus der Stadt- und Landbevölkerung. Diese hatten ihre eigenen magischen Vorstellungen von schadenstiftender Zauberei, Tierverwandlungen und durch die Lüfte fliegenden Frauen. Schwarze

Lasset die Zauberer nicht am Leben. Mit Feuer und Schwert muß diese entsetzliche Pest ausgerottet werden. Ausgerissen muß dieses Unkraut werden, daß es nicht in übergroßer Fruchtbarkeit emporschieße, wie wir es leider sehen und beklagen. Aufgeräumt soll werden mit den Gottlosen, daß die Pest nicht weitergreift, brennen sollen die Aufrührer Gottes, damit sie nicht das Reich des Teufels auf der Erde verbreiten. Euch, ihr Fürsten und Könige, ist das Schwert anvertraut, daß ihr die gerechte Strafe an den Schuldigen vollziehet; wer ist aber mehr schuldig als der geschworene Feind Gottes? Die Zauberer und Zauberinnen sind alle erklärte und geschworene Feinde Gottes. O Fürst, o König, die Zauberer lasse nicht leben.
Jeremias Drexel SJ, Hofprediger in München 1637

Messen auf dem Hexensabbat und die dominante Rolle des Teufels paßten nicht so recht in dieses Weltbild. Hexenpredigten hatten darüber aufzuklären, daß jede Art von Volksmagie schon den Teufelspakt einschloß. Nach Peter Binsfeld, Weihbischof von Trier, wird der Teufel bereits stillschweigend angerufen, wenn einer etwas tut, was nicht aus natürlichen Mitteln zu erklären ist, noch durch göttliche oder »christliche kirchische Einrichtung«. Im Geläut von Kirchenglocken, das Hexen, die verspätet vom Sabbat zurückkehrten, vom Himmel herabfallen lasse, sah Binsfeld beispielsweise ein göttliches Wirken. Der Hexenflug dagegen galt allgemein als Teufelswerk.

Eine junge Frau schließt einen schriftlichen Pakt mit dem Teufel ab, der ihr Reichtum verspricht

Wichtigste Hexenliteratur seit dem 16. Jahrhundert im Überblick

1524 *Tractatus de Hereticis et Sortilegiis* von Paulus Grillandus, päpstlicher Richter, eine wichtige Quelle über den Hexensabbat

1580 *De magorum daemonomaniae …,* d. i. »Vom außgelaßnen wütigen Teufelsheer der besessenen, unsinnigen Hexen und Hexenmeister …« von Jean Bodin

1589 *Tractatus de confessionibus maleficorum et sagarum,* d. i. »Tractat von Bekanntnuß der Zauberer und Hexen« von Peter Binsfeld, Trierer Weihbischof, dogmatische Absicherung des Hexenfluges, der Teufelspaktlehre und Forderung härtesten Vorgehens, z.B. Folter lediglich aufgrund von Denunziation gerechtfertigt, hat selbst innerhalb von fünf Jahren 300 Menschen im Kurfürstentum Trier verbrennen lassen

1595 *Démonolâtrie* von Nicolas Rémy, Richter in Lothringen, beschreibt den Hexensabbat mit Verzehr von Menschenfleisch und Hexentanz zu kakaphoner Musik, rühmt sich, für die Verbrennung von 900 Hexen verantwortlich zu sein

1599 *Disquisitionum Magicarum Libri Sex,* d. i. »Magische Nachforschungen« von Martin Delrio, Jesuit und Dämonologe, eines der meist benutzten Handbücher mit richterlichen Instruktionen, 20 Auflagen, im 17. Jahrhundert wichtigster Traktat

1602 *Discours des Sourciers* von Henri Boguet, ein Erfahrungsbericht aus seiner Tätigkeit als Richter in Burgund, 8 Auflagen

1608 *Compendium Maleficarum* von Francesco Guazzo, Mailänder Mönch, umfangreichstes italienisches Handbuch, zahlreiche Illustrationen veranschaulichen den Teufelspakt, Hostienschändung etc.

1612 *Tableau de l'inconstance des mauvais anges et démons* von Pierre de Lancre, französischer Richter, führte selbst Hexenjagden durch und schildert Hexensabbat in bislang neuen Einzelheiten

1635 *Practica Rerum Criminalium* von Benedict Carpzow, lutherischer Richter in Sachsen, 9 Auflagen, als protestantischer Hexenhammer bezeichnet, genaue Anweisungen zur Durchführung von Hexenprozessen

Der bösen Geister und Gespenster, Dietrich Lemkus, Illustration zu N. Rémy, »Daemonolatria«, 1693; Cornell University Library

Der Teufel tauft einen neuen Anhänger und verleitet seine zukünftigen Verbündeten, auf das Kreuz zu treten

Stiche aus: Compendium Maleficarum von Francesco Maria Guazzo, Mailand 1608; Paris, Bibliothèque nationale

Die kirchliche Hexentheorie hatte sich bis hin zur Zeit der großen Verfolgungen soweit eingeengt, daß es ohne Nachweis, d. h. ohne Geständnis einer Verbindung zum Teufel keine Hexenanklage gab. Von einem Hexenprozeß im eigentlichen Sinne, auch in Abgrenzung zum Zauberprozeß, kann ausgegangen werden, wenn der Teufel eine zentrale Rolle einnimmt. Nicht zuletzt deshalb wurden die Angeklagten genauestens auf ihr Verhältnis zum Teufel befragt. Nicht der Schaden, der auf zauberische Weise angerichtet wurde, sondern die Teilnahme an der satanischen Verschwörung als Handlanger/-in des Teufels begründete das Todesurteil. Damit stand an sich nicht so sehr die

> Hexen sind »die Personen / von welchen man sagt / daß sie nachts hinfahren / und mit dem teuffel Wolleben und Buhlschafft pflegen [...] Ich habe etliche hinrichten sehen / die weder Menschen noch Viehe bezaubert hatten / sondern nur in deß Teuffels Gehorsam sich begeben / Diese thue ich mit dem gemein Wörtlein Hexe von allen anderen unterscheiden.«
> *Praetorius, 17. Jahrhundert*

Keine Hexen ohne Teufel
Zwei Millionen Dämonen werden am Himmel losgelassen

Hexe im Mittelpunkt des Prozesses, sondern der Teufel bzw. die Teufelsverschwörung.

Eine Armee Satans

Der Teufel versuchte nach theologischer Auffassung die Wiederkehr Christi zu verhindern und die Menschheit ins Verderben zu stürzen. Deshalb bediene er sich böser Menschen und schare die Ketzer, Schismatiker, Magier und Götzenanbeter um sich, um die Christenheit zu spalten. Die Entscheidung zwischen rechtgläubig und ketzerisch war damit eine Wahl zwischen Gut und Böse. Es entwickelte sich die Idee von einer riesigen Armee Satans, die in Glaubensfragen und bezüglich ihrer Lebensformen von den kirchlichen Vorstellungen abweiche, wofür der Teufel als ihr Herr und Meister verantwortlich sei. Es oblag der

christlichen Kirche das Böse mit allen Mitteln zu überwinden.

Gefallene Engel

Nach dämonologischer Lehrmeinung hatte Gott ursprünglich nur gute Engel geschaffen, die sich aber aufgrund ihrer Willensfreiheit und aus Hochmut zum Teil gegen Gott auflehnten. Gott bestrafte diese abtrünnigen Engel, die Dämonen, indem er sie bis zum endgültigen Strafgericht aus dem Himmel verbannte. Seither versuchten diese Dämonen zusammen mit dem Teufel auch die Menschen in den Abgrund zu stürzen. Da sie aber nach wie vor Gottes Geschöpfe sind, können sie nur tätig sein, wenn Gott es ihnen ausdrücklich gestattet – der Teufel darf nicht als ebenso starkes böses neben dem guten göttlichen Prinzip gesehen werden, da das ketzerisch gegen den Monotheismus gerichtet wäre. Gott läßt dies zu, um die Menschen in ihrer Standhaftigkeit zu prüfen. Eine stete Wachsamkeit vor den Vorgaukelungen und Versuchungen des Teufels war also dringend geboten. Standen die Dämonen ursprünglich als Schadensgeister in keiner Verbindung zum Teufel, so wurden sie im Neuen Testament bereits Satan untergeordnet. Auch die heidnischen Götter sind nach Paulus zu den Dämonen zu zählen. Die Kirchenväter ordneten in der Folge häufig konkurrierende Religionen, z. B. die jüdische, der Welt Satans zu, indem sie behaupteten, diese Götter seien in Wirklichkeit dämonisch oder teuflisch. Es setzte sich die Ansicht durch, daß die Dämonen wie die Engel reine Geistwesen seien, ohne Fleisch und Blut. Sie könnten jedoch durch eine Vermischung mit Ausdünstungen der Erde die Gestalt von Tieren und Menschen annehmen und damit eine in gewissem Sinne physikalische Realität erlangen. Gewisse Aktionen wie Tanzen und Ausübung des Geschlechtsverkehrs seien somit möglich. Ob sich die Teufel zudem fortpflanzen können, indem sie den Samen als weibliche Dämonen aufnehmen und dann den sozusagen geklauten Samen als männliche Dämonen weitergeben, war äußerst umstritten. Absolut einig schienen sich die Theologen hingegen darüber, daß die stärkste Macht der Teufel darin bestünde, die unglaublichsten Illusionen zu erzeugen.

Die Rangordnung der Teufel

Die Dämonologie nahm im 15. und 16. Jahrhundert einen unerwarteten Aufschwung. Im Zusammenhang mit der immer größer werdenden Zahl von Teufeln und Dämonen verstärkte sich die Verwirrung unter den Dämonologen. Die bösen Geister und Dämonen lauerten den Menschen an allen Ecken und Enden auf, d.h. es mußte sie geradezu scharenweise geben. Tatsächlich schien der Teufel immer mehr Helfer und Helfershelfer als Unholden zu gewinnen, die ihn bei der Ausübung des Bösen unterstützten. Einige erhielten natürlich spezielle Namen, man war sich jedoch nicht immer einig. So wurde selbst Satan von verschiedenen Dämonologen als Beelzebub, Leviathan, Asmodeus, Belial oder Behemoth bezeichnet. Gelegentlich wurde Satan nach dem Erzengel Luzifer benannt, bezeichnete also den Satan vor dem Fall.

Arbeitsteilung unter den Teufeln

Der spanische Theologe Alfonso de Spina errechnete im 15. Jahrhundert die Anzahl der Teufel äußerst präzise auf 133 306 668. Zeitgleiche Schätzungen belaufen sich lediglich auf 6 bis 7 Millionen Teufel. Johann Weyer, obschon bekannter Verfolgungsgegner, kommt 1564 gleichfalls auf 7 409 127 Teufel, die unter dem Befehl von 79 Fürsten stehen, die wiederum Befehlsempfänger Luzifers sind. Bei dieser schier unüberschaubaren Menge war es durchaus naheliegend, daß die Dämonologen verschiedenen Teufeln höherer Ränge eigene Aufgabenbereiche zuerkannten, so verführte der Saufteufel zum Alkohol, der Hosenteufel zu den gerade aufkommenden mo-

Teufel tanzen und musizieren beim Sabbat in einem Zauberkreis

Anonym, »De Eluarum spectorum nocturna chorea«. Illustration zu O. Magnus »Historia de Gentibus Septentrionalibus«, 1555; Cornell University Library

Eine von Teufeln besessene Bauersfrau begeht schließlich durch die Einflüsterungen der bösen Geister Selbstmord

Anonym, Florenz 1520; Privatsammlung

dischen Pluderhosen, es fanden sich zuständige Teufel für Flüche, Zinswucher, den Tanz, die Mode, die Lügen usw. Protestantische und katholische Kirchenmänner klärten die Bevölkerung über Versuchungen und Tücken der Teufel auf. *(Tafel XIII, Seite 106).*

Ein Zeitalter der Teufelsangst

Auf dem Höhepunkt der Teufelsangst zwischen 1575 und 1625 waren die führenden Kreise der Theologen, Schriftsteller, weltlichen Herrscher und Juristen von der übergroßen Macht des Höllenfürsten gänzlich überzeugt. Gott Vater selbst schickte

nach allgemeiner Auffassung Katastrophen wie Seuchen, Verteuerungen, Hungersnöte und Kriege als Pfeile vom Himmel herab auf die sündige Menschheit. Auch die Hexen galten als ausführende Organe eines zornigen und wütenden Gottes. Hexen, Zauberer und Juden paktierten angeblich mit den Teufeln. Zur Besänftigung des strafenden Gottes mußten die Menschen aufhören, zu sündigen, Buße tun und die erklärten Sündenböcke ausgemerzt werden. In einem zugleich vom Gedanken an den bevorstehenden Weltuntergang geradezu besessenen Zeitalter verblieb offensichtlich nicht mehr viel Zeit zur Umkehr. Der Teufel

und seine Agenten waren drauf und dran, den Sieg über das Gute davonzutragen. Vielen Katholiken galt sogar der Protestantismus als Werk des Teufels, und andererseits sahen sich protestantische Prediger darin bestätigt, daß das Weltenende bevorstehe, da in Rom bereits der Antichrist auf dem Stuhle Petri saß.

Des Teufels Netz

Die Angst vor dem Wirken des Teufels wurde durch die ausgeprägte Predigttätigkeit der großen Reformatoren weiter bestärkt, die zahlreiche Menschen erreichte. Martin Luther, der selbst körperlich mit dem Teufel gekämpft und ein Tintenfaß nach ihm geworfen hatte, schrieb: »Wir sind alle nach Leib und Gut dem Teufel unterworfen«, es könne nicht geleugnet werden, »daß der Teufel lebe, ja herrsche in der ganzen Welt«. In Predigten und Tischreden sprach er sich für eine unbarmherzige Ausrottung der Hexen aus. Allerdings glaubte er, daß nach einem langwierigen und schwierigen Kampf gegen die Fänge der Teufel und seiner Helfer letztlich das Königreich Christi siegen werde.

Dämonische Besessenheit

Der Teufel und seine Dämonen ergriffen mitunter Besitz vom Körper eines Menschen. Dies war entweder aufgrund der Erlaubnis von Gott möglich, oder indem es eine Hexe mit Hilfe des Teufels als Schädigung veranlaßte *(Tafel IX, Seite 107)*.

Besaßen ursprünglich alle Christen die Fähigkeit, den Teufel mittels Kreuzzeichen oder Weihwasser auszutreiben, so gibt es hierfür seit dem 3. Jahrhundert ein eigenes Kirchenamt. Die Teu-

felsbannung, der Exorzismus, blühte natürlich gerade in einer Zeit der Teufelshysterie. Die Besessenen, vor allem Kinder und Nonnen, da sie ja leichte Opfer für den Teufel waren, zeigten abnorme Körperverrenkungen, sprachen wirr mit veränderter, meist tiefer Stimme und erbrachen häufig äußerst merkwürdige Gegenstände. Nicht selten wurden wohl auch verschiedene Krankheiten wie Epilepsie exorziert. Da der Teufel vom menschlichen Körper gänzlich Besitz ergriffen hatte, sprach man den Satan während des Exorzismus direkt an und befragte ihn nach seinem Namen und seinen Absichten. Wurden Weihwasser und Räucherwerk von katholischer Seite als besonders günstige Mittel gegen den Teufel angesehen, so bevorzugten die Protestanten die geistliche Strafpredigt. Die tatsächliche Existenz und reale Herrschaft des Satan zeigte sich bei der dämonischen Besessenheit in äußerst anschaulicher Weise. So verwundert es wenig, daß weithin bekannte Exorzisten, besonders Dominikaner, durch die Lande zogen und in aufsehenerregenden Spektakeln Dämonen austrieben. So konnten beispielsweise 1584 in Ingolstadt 12 652 Teufel »erledigt« werden, die von einer Jungfrau Besitz ergriffen hatten.

War kein Spezialist gegenwärtig, so mußten die Gemeindepfarrer einspringen, die ihr Wissen aus eigenen Anthologien bezogen, in denen verschiedenste Riten dargestellt waren. Der Besessene mußte meist in weiße Kleider gehüllt werden, wichtig schienen Salbungen, geweihte Kerzen,

> Überall wird Blut sein, Blut auf den Straßen, Blut im Fluß; die Leute werden auf Strömen von Blut fahren, auf Seen von Blut, Flüssen von Blut […] Zwei Millionen Dämonen werden am Himmel losgelassen […] denn in den letzten 18 Jahren ist mehr Übel angerichtet worden als in den 5000 Jahren davor.
> *Fra Francesco verkündet 1513 in Santa Croce das bevorstehende Weltenende*

***Augustinus empfiehlt
einer vornehmen Dame,
deren Kinder von Dämo-
nen heimgesucht wurden,
ein Kraut, welches erfolgreich die kleinen Teufel
aus den Mündern der
Kranken austreibt***

Nicht nur Besessenen, sondern bevorzugt besonders
mystisch begabten Menschen
zeigte sich der Teufel in seiner realen Gestalt. Seit dem
13. Jahrhundert häufen sich
derartige Berichte vor allem
von Mystikerinnen. Fast jeder
spätmittelalterliche Heilige
sah sich irgendwann einmal
dem Teufel in Gestalt eines
Tieres gegenüber. Der hl.
Coletta von Corbie (1381–
1447) erschienen die Dämonen als Füchse, Ameisen,
Kröten, Schildkröten,
Schnecken, Frösche, Schlangen, Spinnen und andere
Tiergestalten, vor denen sie
sich persönlich besonders
fürchtete und ekelte. Ebensolche Erscheinungen über
ein Jahr hinweg hatte auch die selige
Veronika von Binasco (1445 – 1497),
nachdem sie von einer Leiter gefallen
war. Die späteren Anschwellungen und
heftigen Kopfschmerzen der Frau rühr-
ten nach ihrer festen Überzeugung von
den Schlägen, die ihr der Teufel immer
wieder zufügte. Obschon nur die auserwählten Personen diese Gestalten
wahrnehmen konnten, wurden diese
Vorstellungen von den Zeitgenossen
dennoch bereitwillig geglaubt und
übernommen. In der Fähigkeit, derartige Visionen zu empfangen, zeigte
sich gerade die außerordentliche
Heiligkeit der Person.

Interessanterweise schienen Frauen
nicht nur bevorzugt Hexen, sondern
im gleichen Maße Mystikerinnen zu
sein. Das weibliche Geschlecht zeigte
sich aufnahmebereiter für Visionen
aller Art.

Kreuzzeichen und spezielle Gebete um
göttlichen Beistand. In hartnäckigen
Fällen griffen manche Exorzisten dann
zu Schimpfwörtern gegen die Dämonen, wie »dürre Sau, räudiges Tier, ge-
schwollene Kröte«, und zu Schlägen,
einer »angemessenen und vernünfti-
gen« Tracht Prügel. Auch Einläufe mit
Weihwasser, um die Dämonen aus
dem Körper zu spülen, Ausräucherun-
gen und Geißelungen wurden der Zu-
schauermenge geboten. Petrus Canisi-
us, Jesuitenmissionar und Hofprediger
in Innsbruck, führte der Augsburger
Bevölkerung in den 1560er Jahren
die Macht der Dämonen sowohl durch
drastische Predigten als auch durch
beeindruckende Exorzismen vor
Augen. 1596 konnte er allein aus
einer Magd des Hauses Fugger unter
großem Aufsehen zehn Teufel aus-
treiben.

Magie und Aber-glaube im Volk

Matteuccia Francisci aus Todi, eine offensichtlich professionelle Magierin, wurde im Jahre 1428 wegen Zauberei angeklagt. Wie zu erfahren ist, kamen die Klienten teilweise von weither angereist, um die wirksamen Mittel und Dienstleistungen der Magierin gegen entsprechende Bezahlung in Anspruch zu nehmen. Das Repertoire ihrer Fähigkeiten war breit gefächert: Sie vermochte verschiedenste Krankheiten zu heilen, indem sie diese auf andere Personen übertrug. Als einmal ein Lahmer bei ihr um Heilung nachfragte, braute sie aus 30 unterschiedlichen Kräutern einen Trank, während sie Beschwörungsformeln vor sich hinmurmelte. Anschließend schüttete sie das Gebräu auf die Straße, und der nächstbeste Passant, der des Wegs kam, zog die Krankheit auf sich.

Ihr besonderes Können zeigte sich auf dem Gebiet des Liebeszaubers. Dabei fertigte sie aus diversen Kräutern Liebestränke und Salben an, welche die Männer verzauberten, wenn sich eine Frau damit Hände und Gesicht einrieb. Auch Bildnisse aus Wachs erwiesen sich als hilfreich, um die Liebe

Zur Verbreitung magischer Praktiken

Ein Segen, daß einem den Tag kein Unglück widerfährt ...

eines Mannes zu entfachen. So stellte Matteuccia ein Wachsbildnis über das Feuer, und während dieses schmolz, mußte die Hilfesuchende, in diesem Fall die Mätresse eines Priesters, Sprüche rezitieren, die das Wachsbild mit dem Herzen des Priesters gleichsetzten. Der Priester, der seine Mätresse vorher nicht mehr geliebt, sondern nur noch geprügelt hatte, entbrannte

nach dieser erfolgreichen Zeremonie
in neuer Liebe. Zur Empfängnisverhü-
tung bewährte sich offensichtlich der
Trank aus dem verbrannten Huf einer
Mauleselin, vermischt mit etwas Wein.
Sehr gewagt erscheinen Anweisungen,
bei denen Knochen ungetaufter Säuglinge an einer Wegkreuzung vergraben
wurden. An diesem Ort sprach die
Magierin dann noch neun Tage lang
Gebete und Zauberformeln.

War einer ihrer Klienten sozusagen
von einem ihrer Konkurrenten verzaubert worden, wußte sie selbstverständlich Rat. Fremder Zauber konnte einfach gebannt werden, indem man den
verdächtigen Gegenstand zu ihr brachte, z. B. eine Feder, die nachts auf das
Kopfkissen gezaubert wurde oder ein
unter der Türschwelle vergrabener
Knochen oder ähnliches. Nachdem sie
den Fluch durch einige Beschwörungsformeln brach, konnte der Gegenstand
vom Klienten zu Hause ruhig verbrannt werden und löste sich somit in
Luft auf.

Schwarze und weiße Magie

Bis ins 18. Jahrhundert hinein war die
Vorstellungswelt der meisten Menschen Europas von positiver und nega-
tiver Magie erfüllt, von Zauber und
Gegenzauber. Sämtliche magischen
Mittel und Bräuche, die gute Zwecke
erfüllten, die also heilend, schützend
und abwehrend wirkten, zählten zur
weißen Magie, auch wenn hierfür Geister zur Mitwirkung angerufen wurden. Die Kehrseite der Medaille, die
schwarze Magie, vermochte Krankheiten zu erregen, Sachschäden und Katastrophen aller Art zu verursachen.
Natürlich kam es dabei wesentlich auf
die Sichtweise an, so wendete Matteuccia in oben angeführtem Beispiel

**Von dem großen Mißbrauch der
magica und wie sie zu einer
zauberei wird.**
Und was menschlicher Vernunft zu
erfahren und zu ergründen unmöglich ist, das kann durch diese Kunst
der magica erfahren und ergründet
werden [...] denn magica ist
eine behende reine Kunst [...]
Aber da ist Aufmerkens hoch von
nöten, daß derselbe (Glaube) nicht
zu einem Aberglauben oder Mißbrauch werde, dem Menschen zum
Verderben und Schaden. Wie denn
alle Hexen tun, die sich in diese
Kunst eingeflickt, sich darinnen
geübt und sich mit ihr umgeben,
wie eine Sau im Kot. So ist sie
durch sie zur Zauberei geworden,
und es ist nicht unbillig noch unrecht, daß man sie und alle Zauberer mit dem Feuer hinrichtet.
*Theophrastus Paracelsus:
Die Gefährlichkeit der Hexen, 1531*

zwar weiße Magie an, um den Lahmen
zu heilen, für den unschuldigen Pas-
santen auf der Straße bedeutete dies jedoch einen Akt der schwarzen Magie,
indem ihm eine Lähmung angezaubert
wurde. Er mußte also seinerseits einen
Magier aufsuchen, um den Schadenzauber bannen zu lassen. Gerade dieser
ambivalente Charakter der magischen
Kräfte, die zum Schaden wie auch zum
Vorteil dienen konnten, verlieh der
Magie eine vielversprechende und zugleich unheimliche Macht.

Wissenschaftliche Magie
und Volksmagie

Im Gegensatz zu den Volksmagiern
verstanden sich die Okkultisten als

Zauberer. Diese Bezeichnungen wären für sie, die sich auf die magische Kunst verstanden, geradezu einer Herabsetzung ihrer Fähigkeiten gleichgekommen. Obwohl sie schließlich durchaus auch mit Hilfe okkulter Praktiken Macht über Lebewesen und Gegenstände auszuüben versuchten, blieben sie von den Hexenjagden verschont.

Die Okkultisten fungierten als Berater an weltlichen und geistlichen Höfen, sagten den Herrschenden die Zukunft voraus, bestimmten die günstigsten Tage für Reisen oder Kriegshandlungen und versuchten hartnäckig, den Stein der Weisen – universelle Medizin und golderzeugenden Puder – zu fin-

Diese Illustration aus einem medizinischen Traktat zeigt plakativ die Gegensätze zwischen Medizin und Magie auf

Anonyme Illustration zu G.A.Mercklin »Tractatus Physico Medicus«, 1715; Cornell University Library

Wissenschaftler. Sie beschäftigten sich verstärkt seit dem 15.Jahrhundert mit der Ideenwelt der Antike. Arabische Autoren machten dieses Wissen in Europa bekannt und förderten im Westen die Sache der okkulten Wissenschaften. So fühlten sich diejenigen, die Astrologie oder Alchimie studiert hatten, die Astrologen, Alchimisten, Seher und Propheten, nicht als Magier oder

den. Bezeichnenderweise mußten die Ordensoberen der Franziskaner und Dominikaner erst einmal ihren eigenen Mönchen die Beschäftigung mit Zukunftsdeutung, Alchimie und Anrufung von Dämonen sowie den Gebrauch von Zauberbüchern untersagen, bevor sie allgemein gegen die Zauberei einschritten, die offensichtlich weit verbreitet war.

*Frauen tradieren
heilkundliches Wissen*

Das volksmagische Repertoire, wie Kenntnisse von Zaubersprüchen, Formeln, Anwendung von Kräutern, Zubereitung von Salben und dergleichen, wurde meist mündlich tradiert. Die medizinische Versorgung der einfachen Bevölkerung lag nicht selten in den Händen von Frauen, die über Wissen um Heilkräuter und Heilmethoden verfügten. Sie leisteten sich gegenseitig Hilfestellung bei Geburten, waren mit der Erziehung der Kinder betraut, sorgten sich um die Haustiere und die Nahrungsbereitung. Gab es Komplikationen bei der Geburt, starben die Kinder unter auffälligen Umständen, gaben die Kühe keine Milch oder traten sonstige Schäden auf, die möglicherweise auf Einwirkungen von Salben, Giften oder sonstige magische Mittel zurückzuführen waren, so standen heilkundige Frauen schnell unter Verdacht. Nicht immer zeigte die Heilmittelanwendung den gewünschten Erfolg, stimmte die Dosierung nicht ganz genau, so konnte statt einer beabsichtigten Heilung leicht eine Vergiftung auftreten. Die Unterstellung einer bösen Absicht oder eines Schaden-

Versagten die magischen und heilkundlichen Mittel sogenannter weiser, meist älterer Frauen, so sahen sie sich schnell dem Verdacht des Schadenzaubers oder gar der Hexerei ausgesetzt

zaubers, gar unter Mitwirkung übernatürlicher Mächte, lag dann durchaus nahe. Mitunter münzte man den vermeintlichen Schadenzauber sogar in einen Hexereivorwurf um. Die geringen medizinischen Kenntnisse der Zeit ließen genug Raum für phantastische Deutungen und boten in dörflichen Gemeinschaften sicherlich einen gün-

*Alte Hexe,
Nikolaus Manuel Deutsch
(ca. 1484–1530), Zeichnung;
Berlin, Kupferstichkabinett*

Von einem Eulen-
dämon beobachtet,
unterweist eine ältere
und offensichtlich
erfahrene Hexe ihre
noch junge Schülerin

Schöne Lehrerin,
Francisco de Goya,
Capricho Nr. 68, 1796–98;
Paris, Bibliothèque nationale

stigen Nährboden für den Glauben an Hexerei. Die Hilfe der sogenannten weisen und meist auch älteren Frauen, die über heilkundliches Wissen und langjährige Erfahrungen verfügten, magische Praktiken, Wahrsagetechniken, Segenssprüche, Amulette und Gebete anzuwenden wußten, war äußerst begehrt. Man sah in ihnen sicherlich keine Unholdinnen. Diese Gefahr bestand erst bei einem möglichen Versagen.

Da die Töchter in der Obhut der Mütter blieben, übernahmen sie deren Wissen und Erfahrungen und gaben es ihrerseits an ihre Töchter weiter. Volksmagisches und heilkundliches Wissen wurde jedoch nicht nur gelernt. Traditionelle Vorstellungen gingen darüber hinaus von einer vererbbaren magischen Befähigung aus. Diese persönlichen magischen Qualitäten konnten durch die Körpersäfte von den Vorfahren weitergegeben werden, aber auch durch die Berührung magischer Gegenstände oder Personen auf Dauer rituell angeeignet werden.

Teufel und Dämonen in der Volksmagie

Personen, die Zauber ausüben konnten, galten als Spezialisten unter den Volksmagiern. Sie waren in erster Linie Menschen, die wußten, wie man verschiedene Machtmittel nutzen konnte. Mit ihrem Willen und der Anwendung der richtigen Rituale machten sie sich übernatürliche Kräfte und Geister dienstbar. Geister und Dämonen schienen überall zu lauern, sie vernichteten die Ernte und umstanden das Krankenbett. Zauberer verfügten jedoch über Wissen, diese Geister zu beherrschen und für gute oder schlechte Zwecke zu nutzen. So vermochten manche Zauberer und Zauberinnen

besonders Kinder und Vieh mit dem bösen Blick zu töten, wogegen man sich jedoch schützen konnte. Hierzu mußte man allerdings wissen, daß das Umbiegen des Daumens gegen diesen Blick half. Nach volksmagischem Denken war man den dämonischen und teuflischen Einflüssen nicht etwa als hilfloses Opfer ausgeliefert. Man schützte sich erfolgreich durch Amulette, Segenssprüche oder eben durch das Umbiegen eines ganz bestimmten Fingers. Nicht alle Magieformen mußten also notwendigerweise als Teufelswerk angesehen werden. Dem volkstümlichen Teufel konnte man durchaus ein Schnippchen schlagen. Man stellte sich den Teufel und die Dämonen weit weniger grauenvoll vor, als die Theologen dies taten. Der Teufel war nicht so mächtig, daß die Menschen ihn nicht hätten überwinden können.

Ständig durch geheime Zauberei bedroht

Es war nicht primär der Teufel, der den Menschen in der dörflichen Gemeinschaft Angst machte, sondern die Personen in der nächsten Umgebung, die vielleicht im Geheimen Schadenzauber ausübten. Man mußte ständig auf der Hut vor möglichen Gefahren sein. Es war leicht möglich, daß irgendeiner der Nachbarn einen alten Nagel aus einem vermoderten Sarg gezogen hatte und diesen in die Gartenbank eines verfeindeten Dorfmitgliedes schlug. Setzte dieser Ahnungslose sich auf die Bank, befiel ihn die gleiche tödliche Krankheit, an der auch der im Sarg Beerdigte gestorben war. An den Schädigungen, an Seuchen, Unwettern und Hungersnöten konnte man das Wirken des Bösen erkennen. Es war somit jederzeit möglich, einer uner-

kannten Gefahr ausgesetzt zu sein, ohne sich noch rechtzeitig mit einem wirksamen Gegenzauber schützen zu können. Daß diese Atmosphäre zu einer genauen Beobachtung aller Vorgänge in nächster Umgebung führte und eine latente Angst und in der Folge gegenseitige Verdächtigungen schürte, liegt auf der Hand. Die Hexenlehre der Kirche unterstellte den schädigenden Personen zudem einen Pakt mit dem Teufel. Das Resultat dieses Paktes, die Schädigungen aller Art, waren überall sichtbar. Gegenseitige Vorwürfe der Hexerei, Denunziationen und nicht selten vonseiten der Bevölkerung geforderte Hexenverfolgungen waren die Antwort. Der Schadenzauber verband die traditionellen Zaubereivorstellungen mit der neuen Hexenlehre. Dennoch dominierte im volksmagischen Glauben auch weiter-

hin die Angst vor der Schädigung beziehungsweise der schädigenden Person, die Zauberin oder Hexe sein mochte. Ihre übernatürlichen Fähigkeiten basierten nach wie vor nicht unbedingt auf einer Beziehung zu außerweltlichen bösen Kräften. So war beispielsweise nach volkstümlichem Hexenglauben stets ein direkter Kontakt zwischen der Hexe und der behexten Person nötig, etwa in Form von Drohungen, Tränken, harmlos anmutenden Geschenken oder Berührungen und Blicken. Die Volksmagie kannte zwar Mittel zur Abwehr der Schädigungen wie zur Abwehr jeder anderen Gefahr auch – die Hexerei erhielt ihre besonders beängstigenden Züge dadurch, daß der Gefahrenherd sich meist unerkannt in nächster Umgebung befand und sich folglich jeder Berechenbarkeit und Kontrolle entzog.

Versuche,
Francisco Goya, Capricho Nr.60,
1796–98;
Paris, Bibliothèque nationale

60.

Ensayos.

*Mit Hilfe von Drohungen,
Sprüchen, Tränken, dem
bösen Blick und Berührungen vermochten Hexen
nach volksmagischer Vorstellung ihre Mitmenschen
zu schädigen*

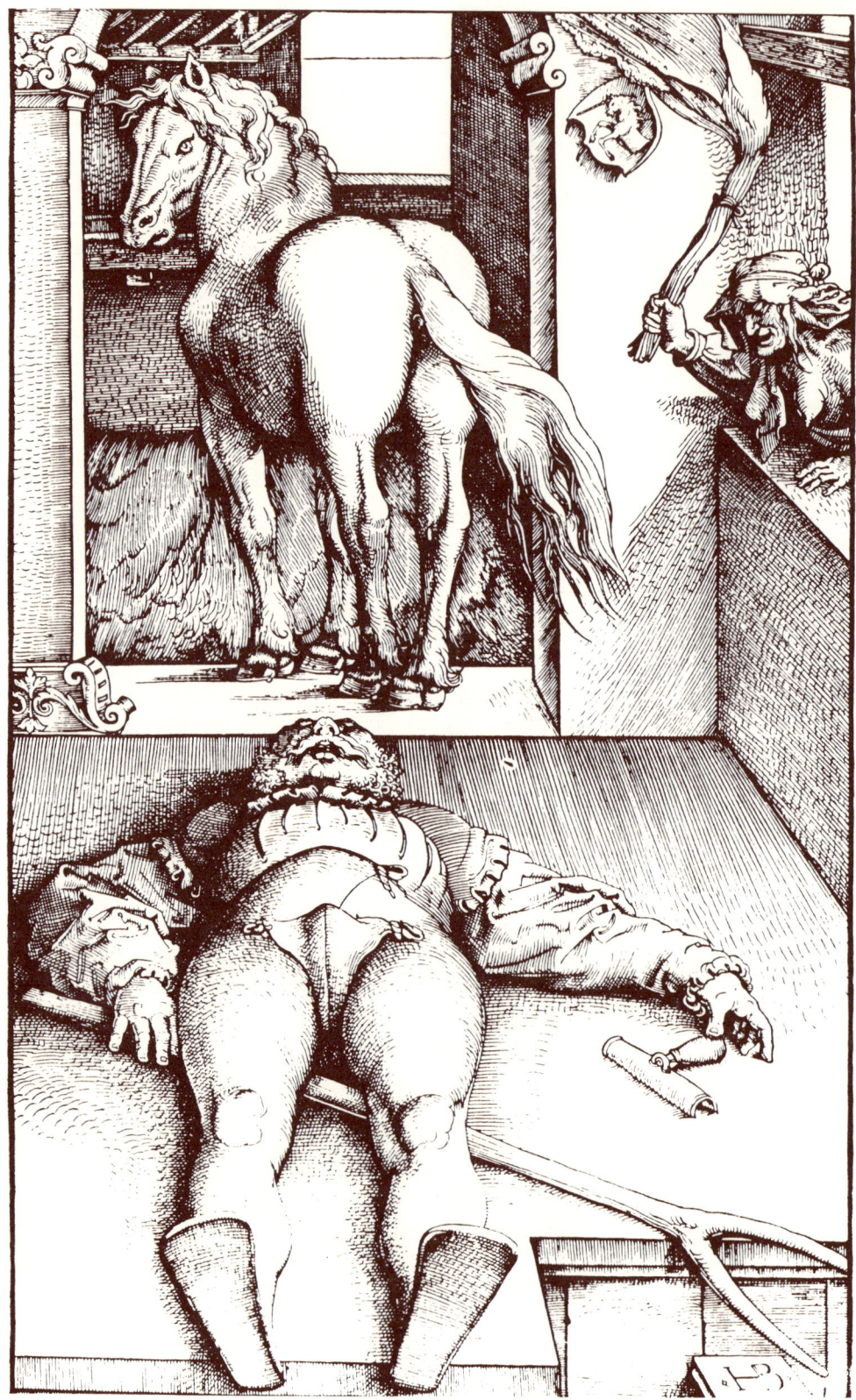

*Der verhexte Stallknecht,
Hans Baldung Grien,
Einblattholzschnitt, um 1544;
München, Graphische Sammlung*

Bei einer Hausdurchsuchung, die 1595 bei dem Gastwirt Christoph Gostner im Pustertal durchgeführt wurde, fand man insgesamt 65 verdächtige Gegenstände, die genau verzeichnet wurden. Gostner besaß neben Zauberbüchern und -zetteln diverse Kristallsteine, Knochen, Schlangen, Würmer, eigenartige Hölzlein und Alraunen. Er betätigte sich offensichtlich sehr erfolgreich als Volksmagier. Diese Vertreter einer magischen Volkskultur genossen in der frühen Neuzeit hohes Ansehen und konnten einen starken Zulauf verzeichnen. Sie halfen in allen Lebenslagen

und Nöten, beschafften beispielsweise verlorengegangenen Besitz zurück, vertrieben böse Geister, entfachten die Gefühle eines geliebten Menschen von neuem oder identifizierten mögliche Hexen. In Konkurrenz zu den geistlichen, aber auch weltlichen Obrigkeiten befriedigten sie die alltäglichen und vor allem die diesseitigen Bedürfnisse der Bevölkerung. Nicht von ungefähr kam es, daß der Klerus gegenüber den Zauberern und Wahrsagern äußerst feindselig eingestellt war. Teilweise pilgerten die Menschen sogar von weither, um die Hilfe von bekannten Volksmagiern in Anspruch zu nehmen. Der Rat der Reichsstadt

Das Angebot der Volksmagier

Ein Sprüchle gegen den Wurm, ein Wundsegen, wie man Gold macht und einen Geist bannt

Nürnberg sah in den 1530er Jahren seine Autorität und die der geistlichen Würdenträger der Stadt regelrecht bedroht durch die Volksmagierin Kunigund Hirtin, die sich als »Zauberin von Dormitz« auch im weiteren Umland einen Namen gemacht hatte. Jahrelang dauerte der Machtkampf zwischen der einfachen Frau und den weltlichen und geistlichen Obrigkeiten der Stadt.

Was Zauberer alles vermögen

Das Arsenal magischer Möglichkeiten war allumfassend. Zauberer konnten Gefangene aus dem Gefängnis befreien oder den Klienten vor einer Verhaftung schützen, sie ließen Menschen und Tiere erkranken oder heilten sie, sie steckten mittels magischer Praktiken Häuser in Brand oder sorgten für den nötigen Regen. Unter Zuhilfenahme verschiedener Geister vermochten

> ✤ Sprüchle fur den wurmb am finger und vich.
> ✤ Ittem fünf zusammen gebundene zetel, wan ein mensch mit dem besen geist besessen ist.
> ✤ Ittem mehr ein kleines, zimblich dickhes buechlein, darin gar vil ertznei, auch wie man gold machen und das hoch wetter segnen soll.
> ✤ Ain recept und ein zetl dabei, wan man einem was entfrembt, das ers herwider mueß bringen und das man den dieb im schlaff mueß sehen.
> ✤ Khünstlen, wan man wissen will, von wem ein fraw schwanger sei.
> ✤ Ein khünstl, das eine einen muaß lieb haben.
> ✤ Ain stückhl, das ein mensch drei tag schlaffen mueß und andere mehr ertznei stückhlen. u. a.
> *aus dem 65 Nummern umfassenden Zauber-Inventar des Pustertaler Volksmagiers Christoph Gostner, 1595*

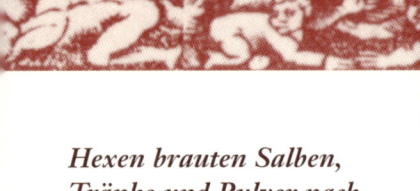

Hexen brauten Salben,
Tränke und Pulver nach
weit verbreiteter Meinung
aus giftigen Zutaten
pflanzlicher, tierischer und
sogar menschlicher Her-
kunft in zumeist großen
Töpfen und Kesseln

*Filippino Lippi,
Handzeichnung, um 1457;
Privatsammlung*

sie sowohl Gold und Silber herzustellen als auch die menschlichen Sinne durch Vorgaukelungen zu täuschen.

Die Volksmagier verwendeten diverse Hilfsmittel wie Pulver, Fette, Salben, Tränke, Augenwässer und dergleichen, die aus pflanzlichen, tierischen oder gar menschlichen Ingredienzien hergestellt waren. Eine weitere Gruppe umfaßte den sogenannten Sympathiezauber. Hierzu zählten Praktiken wie der Bildzauber, Berührungen, Handauflegung, Segnungen, bestimmte auf Zettel geschriebene oder gemurmelte Worte, Zaubersprüche, Blicke und die Herstellung sowie die Verwendung von Amuletten und Talismanen. Typisch war zudem das Starren auf eine Kristallkugel, um Diebe oder Hexen ausfindig zu machen. Und schließlich nahmen Magier dienstbare Geister zu Hilfe, um beispielsweise die Naturgewalten zu beeinflussen oder die Zukunft vorherzusagen, indem sie die entsprechenden Dämonen oder Geister anriefen.

Pflanzen und Gifte

Einen breiten Raum nahmen pflanzliche und tierische Wirkstoffe ein. Volksheiler wie auch Zauberer arbeiteten mit Vorliebe mit narkotischen Kräutern, wie Nachtschatten, Tollkirsche, Bilsenkraut, Schierling, Stechapfel und Fingerhut. So vermochte das Hycosin des Bilsenkrautes in richtiger Dosierung den Patienten zu beruhigen und in Halbschlaf zu versetzen, anderenfalls konnte der Wirkstoff als tödliches Gift eingesetzt werden. Alkaloide der Nachtschattengewächse sind Giftstoffe, die auf das Nervensystem wirken. Während des Mittelalters und der frühen Neuzeit wurden sie nicht nur in der Medizin verwendet, sondern auch außerhalb, wie bei Folterungen und Hinrichtungen als Narkotika oder eben auch in unterschiedlichster Zusammensetzung in Zauber- und Hexentränken, -salben und -pulvern. Narkotische und entschlackende Kräfte besitzt gleichermaßen die wohl bekannteste magische Pflanze, die überriechende und unangenehm schmeckende

Alraune. Die Gestalt der Pflanze erinnert an die eines menschlichen Körpers. Beim Herausziehen aus der Erde soll die Alraun-Wurzel sogar einen schrecklichen Schrei ausstoßen. Aus Angst vor den magischen Kräften dieser Pflanze ließ man häufig Hunde die Wurzel aus der Erde ziehen. Besonders stark wirksame Alraunen wuchsen nach volksmagischer Auffassung am Fuß des Galgens, wo man sie, wenn möglich, in der Johannisnacht aus der Erde holte (Tafel X, Seite 108).

Die wohl bekannteste magische Pflanze, die Alraune, entfaltete ihre Kräfte besonders gut, wenn sie am Fuß des Galgens gewachsen war

Hexe und Alraune,
Johann Heinrich Füssli, Radierung,
ca. 1812/13;
New York, Metropolitan Museum of Art

Giftige Tiere

Bei der Auswahl magischer Mittel spielten Entsprechungen in Form, Farbe oder Gestalt, die der traditionellen Signaturenlehre entstammten, eine wichtige Rolle. Im Arsenal der Volksmagier finden sich immer wieder giftige Tiere wie Schlangen oder Kröten als Zutaten zu Zaubermitteln. Kröten, die als giftig galten, wurden von Volksheilern verwendet, um das Gift aus einem Kranken oder aus einem Nahrungsmittel an sich zu ziehen, dienten also der Entgiftung. Zugleich konnten Tränke und Pulver, die Bestandteile von Kröten und damit Gift enthielten, Menschen und Tiere schädigen.

Knochen Hingerichteter

Elisabeth Ailfferin, die um 1562 in Holenbrunn im Fichtelgebirge Schatzgräberei, Kräuterzauber und Viehheilungen betrieb, wurde schließlich als Hexe verurteilt. Wie sie gestand, verwendete sie für ihre Zaubereien einen »Spießl« vom Galgen, ein »Schelmbein«, d.h. den Knochen eines Hingerichteten, ein Stück Kohle von einem Scheiterhaufen, ein Beinlein von einer schwarzen Henne und das Hirn einer schwarzen Taube. Dies alles hatte sie in ein Tüchlein gewickelt und vergraben.

Der Glaube war weit verbreitet, daß die Zauberkraft der Seele in den Körpern derjenigen Menschen verbleibe, die eines unnatürlichen oder vorzeitigen Todes gestorben waren. Dies traf zu bei den Leichen Ungeborener, bei Hingerichteten oder sonstwie Ermordeten. Die Seele schien bei diesen Verstorbenen noch nicht verbraucht wie bei alten Menschen oder geschwächt wie bei Kranken. Daraus erklärt sich, daß nicht selten unterschiedlichste Körperteile von diesen zu früh hingerafften Leichen geraubt wurden, um daraus zauberkräftige Mittel herzustellen. Insbesondere in den Fingern vermutete man den Sitz der Unsterblichkeit, weshalb man den Gehängten oder Geräderten, die meist vor der Stadt noch eine Weile zur Abschreckung baumelten, vorzugsweise die Finger – vor allem die Daumen – abschnitt.

Der Bildzauber

Der Bildzauber, bei dem der Zauberer eine kleine Figur aus Wachs, Lehm oder Stroh herstellte, welche diejenige Person symbolisieren sollte, gegen die sich der Zauber richtete – etwa ein ungeliebter Nachbar oder ein Dieb – war die am häufigsten angewandte Form des Sympathiezaubers. Konnte man dem Wachs zusätzlich Körperteile des Gegners wie Haare oder Fingernägel beimengen, erhöhte sich die Zauberkraft wesentlich. Die Figuren wurden dann unter Murmeln von Zaubersprüchen mit Nadeln durchstochen oder verbrannt, wodurch die abgebildete Person Schmerzen erlitt, erkrankte oder starb. Mitunter verwendeten sogar katholische Priester derartige Wachsfiguren als Symbole für die Dämonen, die auszutreiben waren. Diese Figuren wurden ebenfalls verbrannt, was die Dämonen veranlaßte, den Körper des Besessenen zu verlassen. Verurteilte die Kirche diesen Bildzauber bei den Hexen, was diese nicht selten auf denScheiterhaufen brachte, so hieß sie die Zeremonie jedoch gut, wenn sie von Geistlichen unter Rezitieren von Texten aus der Offenbarung durchgeführt wurde.

Die Magie des Namens

Nach dem Volksglauben hatten der gesprochene wie der geschriebene Name gleichermaßen magische Kräfte. Der Name und sein Träger waren aufs engste miteinander verbunden. Zauberer vermochten Nichtanwesende zu prügeln, ihnen allerlei Schäden zuzufügen oder sie gar zu töten, indem sie zum Beispiel auf irgendeinen Gegenstand einschlugen und den Namen des Betreffenden dazu in zauberischer Absicht ausriefen. Umgekehrt schützten die gläubig ausgesprochenen Namen Gottes und der Heiligen vor jeglichem bösem Zauber. In vielen Gegenden schluckten die Menschen im 15. und 16.Jahrhundert Zettel, auf welchen die Namen von Heiligen geschrieben stan-

den, um Krankheiten und Unglück abzuwehren. Diese Zettel gab man darüber hinaus dem Vieh ins Futter, um auch dieses vor Behexung und Krankheit zu bewahren.

Nach dem gleichen Prinzip heilten Volksmagier auch Krankheiten. Sie schrieben den Taufnamen des Kranken auf einen Zettel und verbrannten diesen, vergruben ihn in die Erde, ein Astloch oder ähnliches.

Einpflöcken und Einnageln

Eine weitere Form der symbolischen Vernichtung stellt das Einpflöcken dar. Von Teufeln, Dieben, Schmerzen oder Krankheiten geplagte Menschen wurden durch den Volksmagier von ihren Nöten erlöst, indem er die Leiden einpflöckte oder einnagelte. Die lästigen Sorgen und Qualen begrub der Zauberkundige unter einer Türschwelle, in einem Balken des Hauses oder in einem Lappen in einem eigens gebohrten Loch in der Hauswand. Dabei rezitierte er spezielle Sprüche. In gleicher Weise schlug man die Leiden mit einem Nagel symbolisch in einen Baum oder eine Wand. Dabei gingen Sorgen und Nöte unterschiedlichster Art auf einen Gegenstand über.

Goya selbst kommentiert ironisch: »Die Zähne eines Gehenkten sind beim Zaubern unentbehrlich. Ohne diese Zutat gelingt nichts. Schade, daß das Volk einen solchen Unsinn glaubt.«

Auf der Jagd nach Zähnen, Francisco de Goya, Capricho Nr. 12, 1796–98; Paris, Bibliothèque nationale

Nicht selten fühlten sich die Menschen im ausgehenden Mittelalter und der frühen Neuzeit verzaubert und behext. In diesem Falle suchte man selbstverständlich einen Volksmagier oder Zauberer auf, um einerseits feststellen zu lassen, ob eine Schädigung tatsächlich auf Hexerei zurückging – ggf. konnte man die für die Hexerei verantwortliche Person sogar ausfindig machen –, und um andererseits die Schädigung durch ein magisches Gegenmittel beheben zu lassen.

Die ziemlich schwer kontrollierbaren Hexenkräfte erlaubten dennoch die Ausbildung eines volksmagischen Repertoires spezieller Hexenabwehr- und Hexenidentifikationszauber, welche die Angst zugleich eindämmten.

Der Hexenabwehrzauber

So du im Glauben Gott erkennst,
kann dir schaden kein Gespenst

In den 1640er Jahren erhielt der als Heiler tätige Klaus Wicken im Lippischen, in der Gegend um Lemgo, eine verhältnismäßig hohe Entlohnung für die Anwendung volksmedizinischer Maßnahmen. Für einen Heiltrank, der aus einer Kanne Wein zubereitet und erfolgreich angewandt wurde, erhielt er beispielsweise zweieinhalb Taler.

Wie findet man Hexen und Zauberer?

Er verstand sich jedoch nicht nur auf die Heilung mancherlei Beschwerden, sondern auch auf das Erkennen von Hexen, und daran waren unter Umständen ganze Dorfgemeinschaften gleichermaßen interessiert. Glaubten ein Bauer oder vielleicht sogar mehrere gleichzeitig, ihr Vieh sei möglicherweise verzaubert oder behext worden, da es leichter krank wurde als norma-

lerweise oder weil es weniger Milch beziehungsweise Eier gab, so konnte ein Mann vom Schlage eines Klaus Wicken helfen. Er nahm in solch einem Fall Herz, Lunge und Leber eines der Tiere, gab alles in einen Sack und schlug darauf ein. Dies hatte nach den damaligen dörflichen Glaubensvorstellungen zur Folge, daß die Hexe dadurch entsprechende Verletzungen erlitt, die an der betreffenden schuldigen Person leicht zu erkennen waren. Hatte Klaus Wicken dieses Ritual durchgeführt, mußten die Dorfbewohner sich nur noch gegenseitig genauestens beobachten, und sicherlich wurde irgend jemand in der Folgezeit krank oder verletzte sich. Es ist durchaus anzunehmen, daß man vor allem die Personen im Visier hatte, die ohnehin vielleicht schon auffällig waren oder im Gerücht standen, über magische Fähigkeiten zu verfügen, auffällig oft fluchten oder außergewöhnliche Kräuterkenntnisse besaßen. Manchmal haben die Hexenfinder sicherlich ein wenig nachgeholfen, indem sie unter Umständen ein paar vage Äußerungen oder Vermutungen über verdächtige Personen von sich gaben.

Hexen sollen ihren Zauber
zurücknehmen

Hatte man schließlich einen schuldige Person identifiziert, so versuchte man häufig erst einmal, diese zum Gegenzauber zu veranlassen. Offensichtlich konnte einer seinen eigenen Zauber auch wieder zurücknehmen, wie beispielsweise zu lesen ist: »Kunt sie das Wetter machen, so mug und kunt sie's wieder wenden auch.« Häufig läßt sich belegen, daß der Zauber durch die betreffende Person letztlich tatsächlich wieder aufgehoben wurde.

Segnungen, Weihwasser und Glocken als Hilfsmittel

Man war allerdings nicht unbedingt
auf das Entgegenkommen der Hexe
angewiesen, denn die Menschen verfügten über ein ganzes Arsenal an
möglichen Gegenmaßnahmen. Zum
Teil konnten diese bereits als Schutz
vor einer Schädigung von jeder Person
selbst ausgeführt werden, indem man
die Heiligen anrief, sich »segnete«,
d.h. das Kreuzzeichen machte oder
sich und sein Hab und Gut mit Weihwasser besprengte. Gerade in Notsi-
tuationen war es jedem möglich, sich
selbst schnell zu segnen, so daß dieses
Gegenmittel im volkstümlichen Hexenglauben einen hohen Stellenwert
einnahm. Der Hexerei Angeklagte be-
kräftigten immer wieder, daß ihre Zaubereien bei Menschen und Tieren, die
»wohl gesegnet« seien, keinerlei Wirkung zeigten. Da man gerade nachts
den Behexungen am meisten ausgesetzt war, bewährte es sich, wenn man
die Schlafkammer und das Bett mit
Weihwasser besprengte und mit ge-
kreuzten Armen schlief. Wer letzteres
nicht vermochte, konnte stattdessen an
den vier Bettpfosten vier Strohkreuze
befestigen, die aus acht in der Johannisnacht gepflückten Halmen angefer-

tigt sein mußten. Plagte einen dennoch
das Alpdrücken, so half ein Stoßgebet
zum Schutzengel oder zu Maria, ein
Credo, ein Vaterunser oder ein Ave
Maria.

Nicht nur Beten, Singen heiliger
Verse und Aussprechen der Namen
Gottes und der Heiligen wirkten
schützend und abwehrend, sondern in
gleichem Maße Glockengeläut. Selbst
bekannte Theologen und Hexenjäger
wie der Trierer Weihbischof Peter
Binsfeld hoben diesen auch in der
Bevölkerung weit verbreiteten christlichen Gegenzauber, der durch viele
Hexengeständnisse untermauert wurde, als besonders wirksam hervor.

Magische Formeln, Schläge und Bannzauber

War bereits ein Schaden eingetreten,
wandte man sich am besten an einen
Volksmagier oder eine Volksmagierin.
Diese verordneten gegen Hexenkünste
wie gleichermaßen gegen böse Geister,
Diebe oder Mörder Zettel mit abweh-
renden und schützenden Formeln, ge-
segnete Kräuter, Kreuze, die nach spezieller Anweisung aufgehängt oder, auf
Zettel geschrieben, aufgegessen werden mußten, sowie Amulette in Form
von Alraunpuppen. Die Bedrohung
durch Hexen war nur eine unter vielen
Möglichkeiten, es bedurfte meist keiner speziell gegen Hexerei entwickel-
ter Mittel. Häufig wurden böse Geister
und böse Menschen mit ein und der-
selben Bannformel angesprochen und
vertrieben: »Alle bösen Geister, Men-
schengeister, Luft, Wasser, Feuer,
Stamm, Erd und alle Geister, alle Hexen, Zauberer und Zauberinnen«. So
wehrte die SATOR-AREPO-Formel
Brände, Blitzschläge und böse Geister
ab. War sie über die Haustür geschrie-

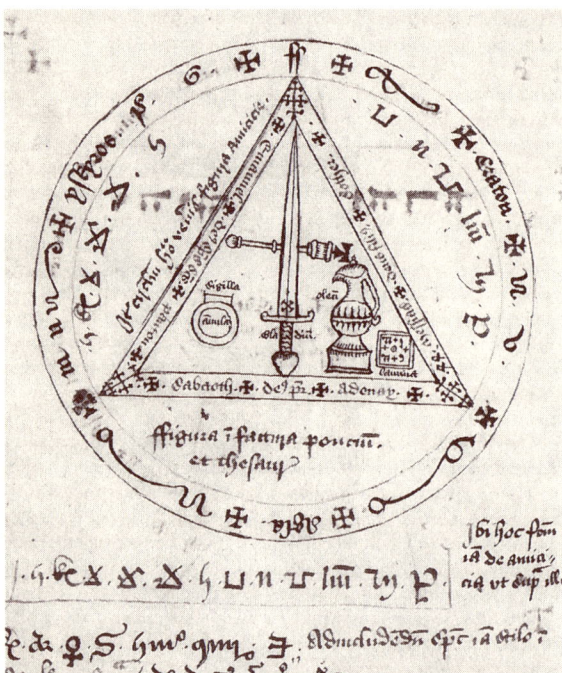

Im europäischen Mittelalter glaubte man, mit Hilfe der Kreisform magische Kräfte »bündeln« zu können

ben, konnten Hexen nicht in den Wohnbereich vordringen.

Etwas drastischere Maßnahmen schlugen beispielsweise vor, der vermuteten Hexe eine Tracht Prügel zu verabreichen, um sie daran zu hindern, weitere Schädigungen vorzunehmen. Mit Hilfe eines Haselnußsteckens schlug man deshalb stellvertretend auf einen Gegenstand wie einen Hut ein, den man dazu am besten auf die Erde legte. Tatsächlich würden die Schläge die schädigende Hexe treffen und ihr die Lust auf weitere Zaubereien ordentlich verderben.

Hilfe für einen verhexten Abt

Selbst Vertreter des Klerus waren mitunter genötigt, einen Volksmagier aufzusuchen. Als Gebete und Einreibungen des angeschwollenen und dunkel verfärbten Körpers des Mettlacher Abtes mit Weihwasser keine Besserung brachten, wandte er sich an eine Hexenbannerin. Er war davon überzeugt, daß seine Beschwerden von einer Verhexung herrührten, eine Frau hatte ihm verdächtig ins Gesicht geblasen. Die Hexenbannerin bestätigte ihn auch sofort in seiner Vermutung und leitete zugleich sowohl einen Zauber gegen die Erkrankung wie auch gegen die Verhexung ein. Allerlei magisch

Magischer Kreis,
aus einer Handschrift des 15. Jhs.;
London, British Library, MS Sloane,
fol. 51ᵛ

Die **SATOR-AREPO**-Formel ist vermutlich die bekannteste aller schützenden magischen Inschriften: egal ob von oben oder unten, von rechts oder von links – Zeile für Zeile, Spalte für Spalte bringen das gleiche Ergebnis.

S A T O R
A R E P O
T E N E T
O P E R A
R O T A S

Es handelt sich bei diesem als Talisman verwendeten »magischen Quadrat« um das Anagramm der lateinischen Vaterunser-Worte **PATER NOSTER** zusammen mit einem zweifachen **A** und **O** für Christus als Alpha und Omega in Kreuzform geschrieben.

P
A
A T O
T
E
P A T E R N O S T E R
N
O
A T O
S
T
E
R

wirkende Gegenstände und Substanzen mußten um das Bett des Abtes herum angebracht werden, welche die Hexenkräfte neutralisierten und den Abt heilten.

Wie zahlreichen Quellen zu entnehmen ist, erfreute sich die Verehrung eines Baumes, des sogenannten Bilwisbaumes, im Bayern des 16. Jahrhunderts großer Beliebtheit. Das Verbot der Sitte, bestimmten Bäumen Opfer darzubringen, findet sich nicht selten in süddeutschen Beichtspiegeln des 15. Jahrhunderts. Wurden diese Bräuche von der Justiz kaum geahndet, so sahen klerikale Kreise darin nicht nur einen harmlosen Brauch, sondern den Teufel am Werk: »Das pilbis ist nit anders dan der teufel, Und ist darzue mercken, das die christenleich chirchen schäczt das für ein soliche grosse sündt, das all die leut, die mit dem teuffel machen ein geding, die sind all im pan [...] also auch die, die im etwas opfern, und dem schrätlein oder der trut rote schühel.«

Zauberische Heilungen verboten?

Für die Kirche stellte sich beim Verbot zauberischer Handlungen ein nicht unerhebliches Problem: Jeglicher Vorteilszauber wie Krankenheilungen, Schutz vor Diebstahl und Mord etc. war »nach satzung weltlicher recht unstraffbar«, es entstand ja kein Schaden, sondern das Gegenteil. Nach den Vorschriften des kirchlichen Rechts war jedoch jeglicher Zauber verboten. So erlaubte die Kirche beispielsweise lieber die Auflösung einer Ehe als ihre Rettung durch einen Liebeszauber, da jede Zauberei der Seele Schaden zufügte. Die seelische Unversehrtheit wurde weit höher eingeschätzt als die körperliche oder materielle.

Gegen die volksmagischen Zaubereien mußte die Kirche die erlaubten christlichen Mittel propagieren. Gegen Krankheiten und Katastrophen aller Art halfen nach theologischer Ansicht ebensogut aufrichtige Reue, Buße, der Exorzismus und die Sakramente, geweihtes Wasser, Salz, Kerzen, Kräuter und Palmzweige, die ihre Wirkung aus christlichen Weiheformeln bezogen. So schützte das am Sonntag geweihte Wasser eine ganze Woche lang davor, daß der »böse Teufel« sich näher als sieben Schritte an den solchermaßen Gesegneten heranwagte.

Die Bevölkerung war dafür zu sensibilisieren, welche Mittel erlaubt und welche verboten waren. So konnte jedermann Zauberer, die verbotene Praktiken einsetzten, zum Beispiel daran identifizieren, daß sie gestanden, verschiedene Arten des Zaubers, die bösen Geister und den schädigenden

Der kirchliche Kampf gegen die magische Volkskultur

Sie nicht selten den Drudenfuß an alle Örter und Wände aus Vorwitz schreiben

Zauberer zu kennen. Des weiteren vermochten diese Zauberer nur manche Krankheiten zu heilen, andere wiederum nicht. Das kam daher, daß sie nur mit einem Teufel niederen Ranges in Verbindung standen und damit eine

> In disem Gericht Pflegen die gmainen Leüth Ir Andacht und Walfarth undter ainem Paum, Pürbeß Paum genannt, Im Hart gelegen, zehallten, Wie dann derselb Paum mit Allerlay altem Lumpenwerch umbhenngt. Weil aber diss fir ein blosse Superstition anzesehen und zehallten, Ist es der F. Regierung zuberichten bevolchen worden.
> *Rentamtsprotokoll über die Volkswallfahrt zum Bilwisbaum, Osterhofen 1594*

Hans Burgkmair: Maximilian I., Weiß Kunig, 1514, Holzschnitt

Krankheit, die von einem ranghöheren Teufel verursacht war, nicht beseitigen konnten. Wichtige Hinweise auf unerlaubtes Vorgehen waren Anweisungen, die mit den zu heilenden Krankheiten oder dem wiedergutzumachenden Schaden nicht in direktem Zusammenhang standen. Bestimmte Handlungen sollten vielleicht nur vor Sonnenaufgang, an besonderen Tagen oder auf sonstige abergläubische Weise ausgeführt werden. Jeder einfache Bauer sollte in der Lage sein, nicht-kirchliche, magische Praktiken daran zu erkennen, daß die helfende Person während der Behandlung nicht nur christliche Gebete aufsagte, sondern unter Umständen zwei oder drei Worte murmelte, »die nicht so klingen, als seien sie christlichen Inhalts«.

Drudenfuß und Scheirer Kreuzl

Noch in der zweiten Hälfte des 17.Jahrhunderts hatte sich das christliche Kreuzzeichen offensichtlich nicht überall gegen das heidnische Zeichen des Drudenfußes, das Pentagramm, durchgesetzt. Im Volksglauben diente es als Bannzeichen gegen böse Geister.

Anstelle des Drudenfußes bot die Kirche beispielsweise Scheirer Kreuze als christliches Mittel an. Sie halfen vor allem gegen Donner und Schauerwetter, Zauberei und Hexerei. Das Kloster Scheyern besaß die Reliquie eines Splitters vom Kreuz Jesu. Man fertigte also Kreuze aus Silber und Messing und berührte damit die Reliquie. So erhielten die Kreuze ihre wirksamen Kräfte. Die Nachfrage aus der Bevölkerung war so groß, »also daß man nicht selten in einem Jahr bei 40000 ausgeteilt hat«, wie Pater Angelus März 1761 schrieb. Ein Karmeliter, der 1719 an Bauchschmerzen litt und mit Hilfe eines Scheirer Kreuzes geheilt wurde, berichtet: Sein Beichtvater habe klar erkannt, daß die heftigen Bauchschmerzen durch Zauberei verursacht wurden. Er legte dem Hilfesuchenden also einen Scheirer Kreuz auf und gab ihm geweihtes Öl ein. Daraufhin erbrach der Kranke drei Tage lang seltsame Gegenstände wie Leder, Papier, einen Flintenstein, einen halben Hechtskopf, Zwirn, Schweinsborsten und Rosenkranzperlen – welche die Zauberei natürlich bestätigten. Eine Hexenbannerin hätte mit Zauber-

sprüchen und einem Drudenfuß oder einer Zauberformel wohl ähnliches zutage gefördert.

Konkurrenz zwischen Kirche und Volksmagie

Beunruhigende Beobachtungen über den starken Zulauf von Zauberern und Volksmagiern durch die Bevölkerung, die bereits um 1400 von Ulrich von Pottenstein, einem bedeutenden Katecheten dieser Zeit, berichtet wurden, waren keineswegs Einzelfälle. Besorgt mußte er feststellen, daß zu einer Wiener Zauberin »ein großes Geläufe, wie

Der aus Deutschland stammende Holzschnitt warnt vor den Gefahren der Hexerei

Holzschnitt aus dem 15. Jh.; Berlin, Staatliche Museen Preußischer Kulturbesitz, Kupferstichkabinett, Holzschnitt Nr. 183

Der Tod
Hupff auf du hessigs
kammelthier,
Im fewr muest du ietz
schwitzen schier.
Dein gabel reitten hat
ein endt,
Vom hewberg hol ich
dich gar gschwendt.
Die Unholdt:
Gott selbst auch seine
haylgen zwar,
Hab ich verlaugnet
offenbar.
Mein glübt hab Ich
dem teuffel thon,
O weh o weh waß
wiert mein lohn.
*»Die Unholdt« im
Füssener Totentanz,
um 1600*

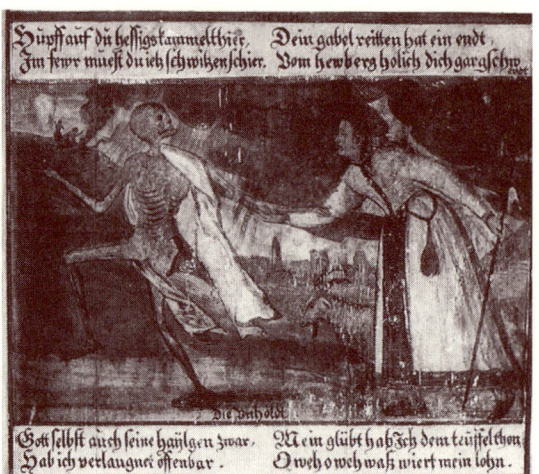

*Füssener Totentanz,
von Jakob Hiebeler (1602);
Füssen, St.-Anna-Kapelle*

zu einem Heiltum ging«. Sie verdiente
nicht schlecht mit dem Verkauf von
Zauberbriefen, die allerlei Gebete und
Anweisungen enthielten. Im gleichen
Maße wie die christliche Kirche boten
die Zauberer Segen und Mittel gegen
Fieber, Augenleiden, Fallsucht sowie
gegen Gicht, Kopfschmerzen und Na-
senbluten an. Kirche und Zauberinnen
unterhielten sozusagen einen »Kon-
kurrenzbetrieb«. Zauberische Leute
und ihre Mittel mußten also von der
Kirche als falsch und verboten ausge-
grenzt und verurteilt werden. Dies geschah, indem die Theologen jede
Form der Zauberei, Wahrsagerei und
des Aberglaubens als Götzendienst
brandmarkten und als Verstoß gegen
das erste Gebot – Du sollst keine anderen Götter haben neben mir – unter
Strafe stellten.
Praktiken, die vom wahren kirchlichen
Glauben abwichen, also alle Formen
der Magie, wurden gleichermaßen ver-
teufelt. Niemand konnte nach theologischer Anschauung zaubern, ohne ein
Bündnis mit dem Teufel geschlossen
zu haben, mit den Worten Ulrich von
Pottensteins: »Allen czawber puechern
liege zugrunde, daß man gelübd mit
den tewfeln halde.«

Seit dem 15. Jahrhundert, gefördert durch Erfindung des Buch-
drucks, setzte eine wahre Mas-
senproduktion an christlicher
Unterweisungsliteratur ein. Die
einfache Bevölkerung sollte
endgültig über den Aberglauben
aufgeklärt und verchristlicht
werden. Hatte sich die religiöse
Unterrichtung bislang meist auf
das Erlernen wichtiger Gebete
wie des Vaterunser, Ave Maria
und dergleichen beschränkt, so enthielten die Katechismen seit dem späten Mittelalter und der frühen Neuzeit
zunehmend Erläuterungen über Sit-
ten- und Glaubensregeln, Sündenkata-
loge und Aufzählungen der christlichen Tugenden. Broschüren, Flugblät-
ter und die öffentlichen Verlesungen
vor der Hinrichtung von Hexen sorgten dafür, daß das Volk vor verbotenen
Praktiken gewarnt wurde. Zugleich er-
reichten die theologischen Vorstellungen von einer Verbindung zwischen
zauberischen Personen und dem Teufel, von sektenartigen orgiastischen
Zusammenkünften dieser Teufelsbündler und deren Teufelsanbetung, die
dem volksmagischen Denken bislang
noch fremd erschienen, über die Kan-
zeln jedes Dorf. Im 16. Jahrhundert
beschäftigte man sich nun auch in der
Volkskunst mit der Hexenthematik,
wie beispielsweise die Totentanzdar-
stellungen zeigen.

Die fünf Bestandteile des Hexenwesens

Die Annahme eines möglichen Bündnisses zwischen Zauberern und Teufeln hatte sich bereits im 9. Jahrhundert gefestigt. Angeregt durch Übersetzungen islamischer und griechischer Zauberbücher im 12. und 13. Jahrhundert, stieg die Beschäftigung mit der Anrufung von Dämonen stark an. Professionelle Geisterbeschwörer waren meist an geistlichen und weltlichen Höfen tätig. Die Inanspruchnahme der dämonischen Dienste basierte auf dem Prinzip von Leistung und Gegenleistung, war also ein Pakt zwischen Gleichgestellten, die alle davon profitieren wollten. In diesem Sinne boten die Magier den Dämonen beispielsweise ein Huhn, das eigene Blut oder die Verehrung an. Dies wiederum ließ die theologische Folgerung zu, daß alle Zauberer einen Bund mit dem Teufel schlossen. Ohne dieses Bündnis sei letztlich kein Zauber möglich. Somit wurde auch der einfache Schadenzauber der Volksmagier zu einem häretischen Vergehen, welches

Der Teufelspakt
Was ihr der Teifel versprochen und was er ihr geben

durch die Inquisition verfolgt werden konnte. Im *Hexenhammer* gründete folglich das Verbrechen der Hexerei auf einem gegen Gott und die Gesellschaft gerichteten teuflischen Pakt.

....

Pactum tacitum und pactum expressum

Thomas von Aquin führte im Rückgriff auf Augustinus im 13. Jahrhundert die Unterscheidung zweier Teufelspakttypen ein. Demnach entstand ein still-

Die Tagesordnung eines typischen Hexensabbats: Die Hexen kommen nachts von überall zum Sabbat geflogen, huldigen und opfern dem Teufel, nach einem gemeinsamen Mahl folgen Tänze und wilde Orgien, schließlich erhalten die Hexen Salben und Pulver für den Schadenzauber

Die den bock ehrende Hexen, Dietrich Lemkus, Illustration zu N. Rémy »Daemonolatria«, 1693; Cornell University Library

schweigender Pakt, ein *pactum tacitum*, bereits durch eine einfache Anrufung von Dämonen, einer *invocatio daemonum*. Der Teufel brauchte das Vertragsangebot dann nur noch anzunehmen. Im Falle eines ausdrücklichen Paktes, eines *pactum expressum*, mußte es dagegen zu einem regelrechten Vertragsschluß kommen, meist verbunden mit einem äußeren Zeichen.

Der Teufel verführt zum Pakt

In den meisten Fällen war es der Teufel, der die Initiative ergriff, einer Person häufig an einem entlegenen Ort erschien und zum Bündnis riet. Vorzugsweise nahm er Kontakt zu seinen Opfern auf, wenn diese sich gerade in einer unbefriedigenden Lebenssituation befanden. Er bot Abhilfe der aktuellen Not an, indem er Gesundheit, Macht, Reichtum, Einfluß, Liebe oder

die Schädigung beziehungsweise Vernichtung von Feinden offerierte. Nicht selten wird von Geldgeschenken berichtet, die sich jedoch sehr schnell in Mist, Laub, Kot, Luft oder »Muhl« verwandelten.

Wie sieht der Teufel aus?

Der Teufel wandte sich zumeist in Menschengestalt an sein Gegenüber. Der Hexerei angeklagte Frauen beschreiben ihn als »landßknecht«, »gesellen«, »jungen Knaben« oder einfach als »großen man« sowie »schwartzen man«. Nicht selten trägt er schwarze oder braune Kleidung und Federn auf dem Hut. Er erscheint also nicht als abschreckendes Monster. Dennoch weist er stets Merkmale auf, die ihn als Teufel erkennen lassen, häufig hat er einen Pferdefuß oder ähnliches – »ain mahn mit gespaltenen füßen«, mitunter einen langen Schwanz oder einen üblen Geruch.

Zwar verführt der Teufel Frauen angeblich leichter, dennoch versucht er sich gleichermaßen bei Männern. Diesen begegnet er jedoch in »weibsgestalt«, »einer feiner gestalt einer frauen pershonen« oder in »gestalt eines jungen frauwen menschen«.

Kein Pakt ohne Gegenleistung

Erklärt sich die Hexe bereit, auf das Bündnis einzugehen und eine Leistung in Anspruch zu nehmen, so vollzieht sich ein förmlicher Vertragsschluß. Der Teufel fordert nun seinerseits, daß sein Vertragspartner dem christlichen Glauben abschwört, fortan seinem Willen gehorcht und Böses tut. Dies geschieht häufig symbolisch durch ein Herumtrampeln auf dem Kreuz. Der Vertragsschluß wird durch ein Vernei-

*Der Teufel schließt in
menschlicher Gestalt mit
gespaltenen Füßen den
Pakt mit einer jungen
Frau*

gen vor dem Teufel oder einen Kuß auf
sein Hinterteil besiegelt. Als Zeichen
für die Hörigkeit der Hexe drückt der
Teufel ihr schließlich ein sogenanntes
Hexenmal auf den Körper. Dieses
stigma diabolicum galt als sichtbarer
Beweis für den Teufelspakt. An sich
eigentlich eine törichte Lehre, da wohl
kaum anzunehmen war, daß der Teufel
so dumm sein würde, seine Verbündeten den Hexenjägern so offensichtlich
auszuliefern. Diese theologische wie
auch juristische Spitzfindigkeit erlaubte es, mit Hilfe der eigens dafür erfundenen Nadelprobe einen eindeutigen
Beweis für die Zugehörigkeit zur Hexensekte zu konstruieren. Jede Haut-
veränderung wie Kratzer, Narben und
Muttermale konnten solch ein einge-
branntes Hexenmal sein.

*Anonymer Holzschnitt zu Ulrich Moli-
tor: Tractatus von den bosen Weibern,
die man nennet die hexen,
Ulm 1490/91;
Cornell University Library*

Vier Frauen scheinen sich zu verbünden. Die menschlichen Knochen zu ihren Füßen und die teuflische Fratze im Hintergrund verheißen nichts Gutes

Ist der Vertrag nun endgültig geschlossen, wird die Hexe angewiesen, böse Taten auszuführen und erhält die hierfür erforderlichen Salben, Pulver, Tränke und Bilder ausgehändigt. Dabei spielt es allerdings eine Rolle, mit welchem Teufel welcher Rangordnung der Pakt geschlossen wurde. Teufel niederen Ranges konnten nur zauberische Fähigkeiten in geringem Umfang verleihen. Mitunter führte auch die Dauer des Bündnisses zu immer mehr Machtbefugnissen.

Die Hexe als Dienerin des Teufels

Im Laufe des 16. Jahrhunderts wandelte sich die Teufelspakttheorie wesentlich. War der Bund zwischen Zauberer und Teufel noch im *Hexenhammer* ein beiderseitiges Leistungsverhältnis, so verschiebt sich das Gleichgewicht zugunsten des Teufels.

Ganz im Gegensatz zu den wissenschaftlichen Magiern, den Okkultisten, gehen die Hexen Ende des 16. Jahrhunderts sogar für eine kleine Münze, die sich nicht selten in einen Stein verwandelt, einen Pakt mit dem Teufel ein. Die Hexe verliert ihre Macht und ist den Mächten des Bösen schließlich ohnmächtig unterworfen. König Jacob VI. von Schottland faßte diesen Sachverhalt äußerst präzise in Worte: »Hexen sind nur Diener und Sklaven des Teufels; aber die Geisterbeschwörer sind seine Herren und Beherrscher.«

Einweihung in den Hexenbund, Albrecht Dürer, Kupferstich, 1497; Boston, Museum of Fine Arts

Der Teufelspakt wurde nach allgemeiner theologischer Meinung durch einen Geschlechtsverkehr zwischen Teufel und Mensch zusätzlich besiegelt. Vorstellungen eines direkten Kontaktes zwischen Geistern und Menschen gab es bereits in heidnischen und biblischen Mythen. So wurde schon in der Antike angenommen, daß Waldgeister und Faune den Frauen nachstellten, wobei letztere nicht nach ihrer Einwilligung gefragt wurden. Wie Augustinus feststellte, wurden diese Silvane und Faune im Volk auch als *incubi* bezeichnet. Erneut war es Thomas von Aquin, der sich intensiv mit der sexuellen Verbindung zwischen Menschen und Dämonen

Die Teufelsbuhlschaft

Wie oft der Teifel im Jahr ausser den hexen Tänzen mit ihr unzucht getrieben

auseinandersetzte. Er kam zu dem Schluß, daß der Teufel sexuell mit Menschen verkehren und Nachkommenschaft zeugen könne. Obwohl die Dämonen wie die Engel lediglich geistige Wesen seien, könnten sie zuweilen Körper annehmen, obgleich ihnen jedoch die Sinnesempfindungen fehlten. Die Teufel könnten den Samen,

den sie in Frauengestalt, als *succubus*, erhalten, anschließend in männlicher Gestalt, als *incubus*, auf Frauen übertragen. Bald war man davon überzeugt, überall Buhlteufel zu entdecken, die für ein rasches Anwachsen der Hexensekte sorgten. Da man 1486 sämtliche Frauen eines Bordells in Bologna für *succubi* hielt, wurden diese gefänglich eingezogen und der Inhaber verbrannt.

Auf jedem Jahrmarkt stellte man Mißgeburten und Krüppel zur Schau, die angeblich der Teufel gezeugt habe. Derartige sogenannte Wechselbälge zeigten oftmals erstaunliche Fähigkeiten, so hatten sie bereits mit sechs Monaten alle Zähne und die Größe eines Jugendlichen erreicht.

Unterstellten die Theologen während des 15. Jahrhunderts dem weiblichen Geschlecht noch, sich aus Wollust und sexueller Begierde freiwillig den Teufeln hinzugeben, so änderte sich dies bis zum Ende des 16. Jahrhunderts entscheidend. Bereits als Geschäftspartner im Teufelspakt hatten sie an Einfluß und Macht eingebüßt. Entsprechend gehen die Hexen nun auch den – inzwischen schmerzhaften – Geschlechtsverkehr mit den Teufeln nur noch widerwillig ein, er wird von der stärkeren, dämonischen Seite als Akt der Unterwerfung gefordert.

Es sagte die Elexia Digaca, ihr Buhlschaft hette einen so starken etc. allezeit gehabt, wenn er ihn gestanden, unnd so groß als Ofengabelstil, deßgleichen sie zugegen zeigte, denn ohngefehr eine gabel zuhanden war, sagte auch, wie sie kein geleuth, weder Hoden noch Beutel daran gemerckt hat.
Claudia Fellaca sagte, wie sie offtmals versuchet hat, daß ihr Geist were gestaffiert gewesen wie eine Spindel, forn und hinten spitz, und so dick in der mitten, daß ein Weib, wie weitläuffig sie auch beschaffen sey, denselbigen ohn grossen schmertzen nit hab erleiden mögen.

Nicolas Rémy, über die Teufelsbuhlschaft in seiner Démonolâtrie von 1595

Entgegen den Vorstellungen von Teufelspakt und -buhlschaft sowie einem Hexensabbat war der Glaube an den Hexenflug eindeutig volkstümlicher Herkunft. Der Volksglaube der Antike kannte bereits Frauen, die sich nachts in Eulen verwandelten, Kinder fraßen, den Menschen die Eingeweide herausrissen und das Blut aussogen. Desgleichen wurden diese nachts ausreitenden Frauen mit der wilden Jagd um Wotan und die Fruchtbarkeitsgöttin Diana, welche oft mit der Göttin der Unterwelt und Magie Hekate gleichgesetzt wurde, in Verbindung gebracht. Die theologische Meinung im *Canon episcopi* aus dem 9. Jahrhundert hält die Vorstellung von nachts fliegenden Frauen schlichtweg für ein Zeichen von Unglauben.

Ohne Hexenflug kein Sabbat

Die Frage, ob Hexen ausfliegen können, entwickelte sich zu einem zentralen Streitpunkt innerhalb der Hexendiskussion. Nachdem man ja von einer großen und gefährlichen Verschwörung der Teufelsanbeter ausging, die sich zu nächtlichen Versammlungen trafen, war der Flug zu diesen Treffen fast unabdingbar. Diese geheimen Zusammenkünfte hielt man meist in entlegenen Gegenden, vorzugsweise auf Bergen, ab. Die Gefahr dieser Versammlungen bestand unter anderem gerade in der hohen Teilnehmerzahl, die bis hin zu 100 000 Hexen umfassen konnte. Hierzu war es also absolut notwendig, große Entfernungen innerhalb kurzer Zeit, nämlich nur einer Nacht, zu bewältigen. Ohne die Möglichkeit, zum Sabbat zu fliegen, stürzte das Konzept der Hexenversammlung in sich zusammen. Die Folge wäre gewesen, daß Personen, denen man die Teilnahme am Sabbat nur aufgrund von Zeugenaussagen anderer vermeintlicher Hexen vorwerfen konnte, nicht mehr hätten verurteilt werden können.

Die Theologen machten sich also mit größter Mühe daran, den *Canon episcopi* zu widerlegen. Namhafte Theoretiker wie Jean Bodin, Nicolas Rémy und Peter Binsfeld hielten den *Canon episcopi* für ungültig, da dem Autor die nötige Autorität gefehlt habe.

Theologische Meinungsvielfalt

Letztlich konnte man sich in dieser Frage dennoch nicht einigen. Meinten die einen, die Frauen würden nur träumen, zu fliegen und litten unter teuflisch verursachten Illusionen, dachten

Der Hexenflug, Hexensalben und Tierverwandlungen

Wie des faren in den lüften zugang

die anderen, sie würden tatsächlich fliegen. Einmal ritten die Frauen angeblich aufgrund dämonischer Kräfte durch die Lüfte, ein andermal benutzten sie dazu Flugsalben. Es existierten spätestens seit dem 14. Jahrhundert viele kontroverse Meinungen nebeneinander.

Für die Möglichkeit des Fluges schienen mehrere Gründe zu sprechen: Da Engel und Heilige mit Hilfe Gottes fliegen konnten, lag es doch nahe, daß Hexen und Zauberer mit Unterstützung böser Geister und Teufel das gleiche vermochten.

Allerdings benötigten die Teufel stets die Einwilligung Gottes, um ihre Macht dafür zu verwenden, Menschen durch die Lüfte zu bewegen. Ein äußerst pragmatisches Argument be-

stand in der Annahme, daß Hexen ihr Wissen von allerlei Zauberkünsten nur auf dem Hexensabbat erworben haben konnten. Sie mußten also dort gewesen sein, und dies war ihnen nur möglich, indem sie eben dorthin geflogen waren.

Keine Tierverwandlungen möglich?

Wurde die Möglichkeit des Hexenfluges von den Gebildeten der frühen Neuzeit weitgehend akzeptiert, so war dies bei einem eng damit verbundenen volkstümlichen Element, der Metamorphose, nicht der Fall. Seit ältester Zeit glaubten die Menschen verschiedenster Kulturen, daß Menschen mit Hilfe magischer Mächte ihre Gestalt verwandeln könnten. Bereits der *Canon episcopi* verwirft diesen Volksaberglauben als reine Illusion, und bis ins 17. Jahrhundert hinein halten nur vereinzelte Autoren die Tierverwandlung von Hexen und Zauberern für real möglich. Allerdings könne der Teufel nach überwiegender Ansicht im vorhandenen Schrifttum die Verwandlung von Hexen und Zauberern in Tiergestalt vorgaukeln, obwohl sie ihre menschliche Gestalt in Wirklichkeit gar nicht veränderten. Tatsächlich berichten zahlreiche Hexengeständnisse von angeblichen Verwandlungen in Wölfe beziehungsweise Werwölfe. Des weiteren erschienen Hexen bevorzugt in Gestalt jener Tiere, in die sich auch die Dämonen zu verwandeln vermochten: als Katzen, Schlangen, Kröten, Mäuse, Füchse und Vögel, zumeist Raben.

Den Hexen und den Dämonen blieb dagegen verwehrt, sich in die christlichen Symbole der Reinheit zu verwandeln, wie zum Beispiel ein Lamm oder eine Taube.

Mit Ofengabeln und Böcken brechen die Hexen zum nächtlichen Flug auf

Oben: Federzeichnung weiß gehöht, Kopie nach Baldung, 1514; Wien, Albertina

Rechts: Albrecht Altdorfer, Federzeichnung, 1506 (?); Paris, Louvre, Cabinet des Dessins

Wie und womit die Hexen von Ort zu Ort fahren

Tiere dienten unter anderem auch als beliebte Transportmittel der Hexen, wobei wiederum Katzen und Wölfe neben schwarzen Widdern, Ziegen, Ochsen und Hunden besonders geeignet erschienen.

Das im Volksglauben am tiefsten verwurzelte Hilfsmittel des Hexenfluges, der Besen, war ursprünglich ein Symbol des weiblichen Geschlechts. Der Besenstiel wird in zeitgenössischen Traktaten und Geständnissen am häufigsten genannt und blieb, die Zeiten überdauernd, das wichtigste Kennzeichen der Hexen. Einfache oder gegabelte Stöcke, Spinnrocken und Schaufeln erfüllten diesen Zweck nicht weniger gut.

In seltenen Fällen nahmen die Hexen auf Mistgabeln oder Dreizacken Platz und ritten auf diesen Symbolen des Teufels davon. Meist verließen sie ihr Heim stürmisch, mit offenen Haaren und nicht selten nackt, indem sie durch Öffnungen wie das Schlüsselloch, den Kamin oder ein Fenster sausten. Gemurmelte Formeln wie »Hui! Oben aus und nirgends an! Wohlauf und davon, in tausend Teufels Namen!« unterstützten das erfolgreiche Abheben in den nächtlichen Himmel. Die eventuell vorhandenen Ehemänner ließen sich offensichtlich leicht täuschen; es reichte, ein Bündel Stroh, einen Holzklotz oder einen Besen ins Bett zu legen. In hartnäckigeren Fällen mußten die Gatten hingegen mit Pulvern oder Salben betäubt werden. Auch der Teufel selbst griff mitunter helfend ein und blies dem einen oder anderen Mann kräftig ins Gesicht, so daß dieser mit Sicherheit für die ganze Nacht in Tiefschlaf verfiel.

Nach erfolgreichem Start in die Lüfte lauerten noch manche Absturzgefahren wie der Klang von Kirchenglocken, der scheinbar manche Hexe zur Erde niederschmetterte. Ein erhöhtes Risiko stellte es dar, sich während des Fluges umzusehen. Des weiteren durfte während des Fluges nicht gesprochen werden, besonders die Erwähnung der Namen Gottes und der Heiligen gefährdeten den Weiterflug.

Das Gebräu der Flugsalben

Wie bereits erwähnt, entsprach es nicht der Meinung aller Autoren, daß allein die Kräfte der Dämonen mit Erlaubnis Gottes die Hexen durch die Lüfte reiten ließen. Zwei Experten auf dem Gebiet des Hexenwesens, Nicolas Rémy und Heinrich Institoris, schrieben der Anwendung von Flugsalben eine große Wirkung zu. Diese Zaubersalben, die eingerieben wurden, brauten die Hexen in ihren Schmiertöpfen selbst zusammen. Späteren Angaben entsprechend wurden sie auch vom Teufel ausgehändigt, um den Flug zum Sabbat zu ermöglichen. Umstritten blieb die Frage, ob die Flugsalben nun tatsächlich beim Ritt durch die Lüfte von Nutzen sind oder ob diese Salben nur die Halluzination eines Fluges erzeugen könnten.

Überlieferte Rezepte diverser Flugsalben enthalten in der Tat Atropine und andere Gifte, deren Einreibung in die Haut nachweislich Halluzinationen und Erregungszustände hervorruft. Schon Johannes Weyer (1515–1588), Schüler von Agrippa und Leibarzt des Herzogs Wilhelm von Jülich-Kleve-Berg, versuchte die natürliche Wirkung dieser Narkotika aufzuzeigen. Für ihn bestand das Hexenwesen ledig-

Die rückwärts auf einem Bock reitende Hexe, deren Haare in die falsche Windrichtung wehen, sowie Dürers seitenverkehrtes Monogramm als Allegorie der »Verkehrten Welt«, in welcher Narren gemeinsam mit Kindern regieren und die Frau mehr Macht besitzt als der Mann

Reitende Hexe, Albrecht Dürer, Kupferstich, 1501 (Allegorie der verkehrten Welt); Paris, Bibliothèque nationale

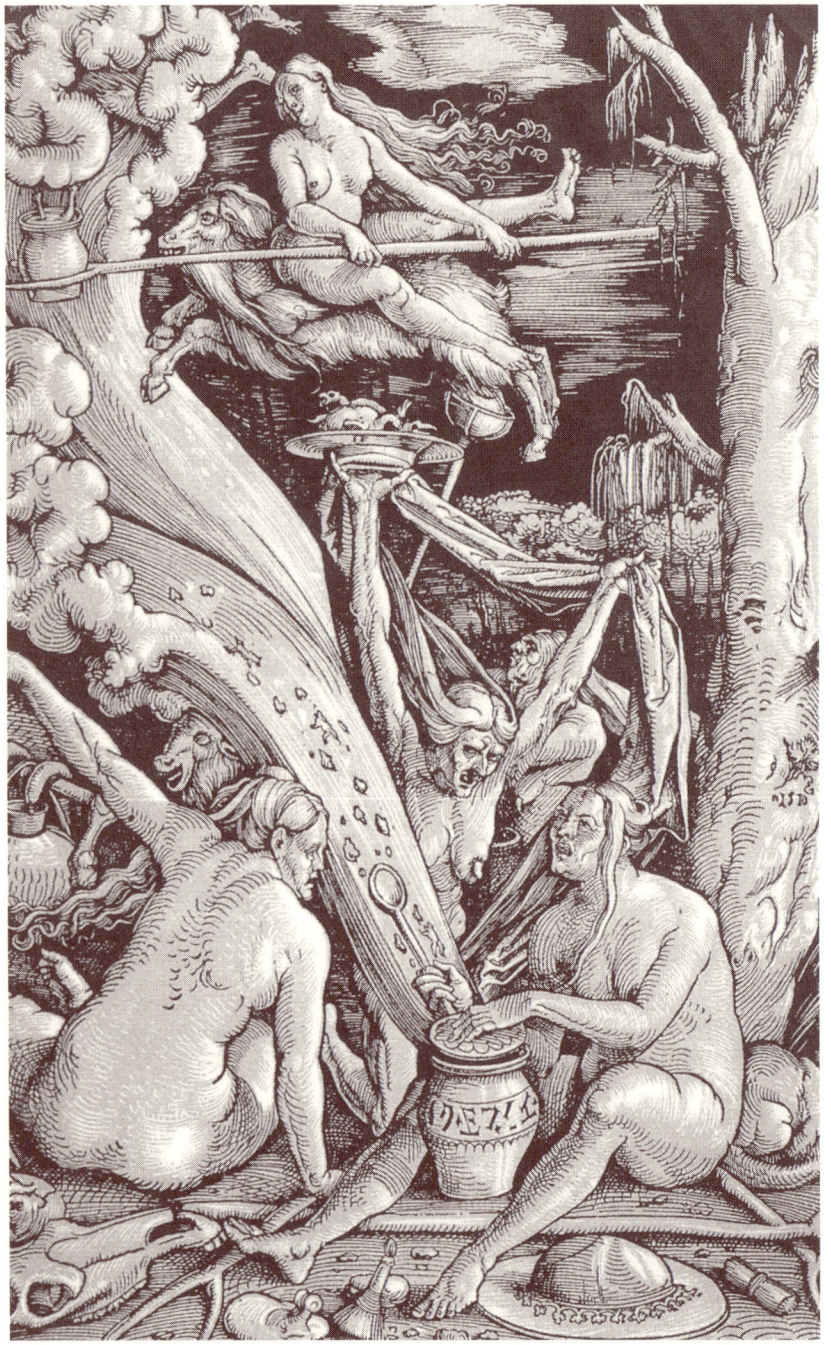

Vorbereitung zum Hexensabbat,
Hans Baldung Grien,
Clairobscur-Holzschnitt, 1510;
Paris, Bibliothèque nationale

In einem Wald bereiten sich Hexen
auf den Flug vor. Ohne Zuhilfenahme
von Feuer kochen sie ein dampfendes
Zaubergebräu. Wie Dürers Hexe
(S. 82) reitet auch hier eine der Frau-
en rückwärts auf dem Bock

lich aus den Phantasieträumen trübsin-
niger Frauen. Was diese kranken und
melancholischen Leute im Wachzu-
stand zu erleben glaubten, könnten die
Nichtdepressiven nur im Schlaf nach
Einnahme von Narkotika an sich
erfahren. Der Jurist und fanatische
Hexenjäger Jean Bodin (1529–1596)
sah dagegen lieber den Teufel agieren
und lehnte jegliche natürliche Erklärung kategorisch ab, obwohl er die
»Schlaf bringenden Kreuter […]
Mandragora, oder Alraun, Magsaat,
Dollkraut, Bilsenkraut und Säwboh-
nen, und Schierling« durchaus kannte.
Weyers Ausführungen bedachte er
schließlich mit dem Vorwurf, die Leute
neugierig zu machen und zum Gebrauch von Salben aus den dargestellten Pflanzendrogen zu verführen.

Allerlei Flugsalben-Rezepte

Die Bedeutung der Flugsalbe wird im
Hexenhammer unter der Frage »Wie
die Hexen von Ort zu Ort fahren«
hervorgehoben, denn zum Flug pfleg-
ten die Hexen »eine Salbe aus den ge-
kochten Gliedern von Kindern, besonders solcher, die vor der Taufe von ihnen getötet worden sind, zu bereiten
und nach der Anleitung des Dämons
damit irgendeinen Sitz oder ein Stück
Holz zu bestreichen, worauf sie sich
sofort in die Luft erheben, und zwar
am Tage und in der Nacht, sichtbar
wie auch unsichtbar, wenn sie es wollen, nach dem, daß der Dämon und
zwar durch das Hindernis eines Körpers einen anderen körper verbergen
kann […]«.

Auf die Tatsache, daß die Anwendung dieser Salben streng verboten sei,
weist der Leibarzt Albrechts III. von
Bayern, Johannes Hartlieb (um 1410–
1472), in seinem »Buch aller verboten

Damit aber an den Unholden, sie auffzumutzen, nichts vergessen würde, hat inen der Sathan etwas natürlicher Artzney und Salben angegeben und beredt, so sie sich damit salben und schmieren, werden sie den nechsten oben zum Camin hinauß durch den lufft fahren, und an solche ort und ende kommen, da man mit tantzen, singen, und anderer kurtzweil aller frewden und lusts pflegen weerde. Welche ding aber alle der tausendtlidstige Geist ihnen im traum fürwirfft, nach dem sie, von wegen der schlaffendmachenden Salben, so sie auß seinem geheiß angestrichen haben, in ein gantz tieffen schlaff gefallen sind.
Johannes Weyer im Kapitel:
»Von etlichen natürlichen Artzeneyen, durch welche die Unholden underweilen umgetrieben werden. Deßgleichen von ihren Salben und Kräutern so ihnen den Schlaff bringen, und das gemüt über die maß unrühig machen« seines Werkes De praestigiis Daemonu

Kunst« unter dem Abschnitt »Wie des faren in den lüften zugang« hin. Er beschreibt eine Salbe aus Vogelblut, Schmalz von Tieren und sieben Kräutern, die jeweils an einem anderen Wochentag gesammelt werden mußten, und »wann sy dann wöllen so bestreichen sy penck oder seüll [=Stiele] rechen oder ofengabeln und faren dahin, das alles ist recht nigramantia und vast groß verboten«.

Guazzo erwähnte 1626 als wesentliche Ingredienzien »Tollkirsche, Taumellolch, Mandragora, Bibergeil und Mohn.«

Ein Rezept wurde mehrfach abgeschrieben und geistert durch mancherlei Schriften, zum Beispiel in der Fassung aus *Blockes-Berges-Verrichtung* von Johannes Praetorius (1630 – 1680), der Paracelsus als seine Quelle angibt: »Paracelsus berichtet, daß die Hexensalbe von den Hexen aus dem Fleisch der jungen, neugeborenen Kindlein gemacht werde, welches sie wie einen Brei kochen zusammen mit Kräutern, die Schlaf verursachen, als da sind Mohn, Nachtschatten, Sonnenwendel, Schierling und dergleichen.«

Flugsalbe nach altem Rezept:

100 g	Menschenfett (nimm Hühnerfett)
40 g	Haschisch
50 g	Hyoscyamus (Bilsenkraut)
20 g	Belladonna (Tollkirsche)
260 g	Indischen Hanf
50 g	Knoblauch
30 g	Sonnenblumenkerne
250 g	Opium-Mohnblumen (Klatschmohn) [!]
60 g	Callamus [!]
100 g	Weizen

Alle Ingredienzien mischen, in der Sonne austrocknen lassen, dann zu feinem Pulver zerreiben. In einem luftdichten Behälter aufbewahren. Handflächen und Fußsohlen einreiben. Dies ist genug für eine riesige Versammlung.

NICHT ESSEN ! ☠
Nach dem Zeremoniell die Salbe abwaschen und den Körper mit Vaseline einreiben.
Brückner 1970, nach alten Hexenbüchern

Uneinigkeit herrschte nicht nur in Bezug auf die Modalitäten des Hexenfluges, sondern auch in Hinsicht auf die Hexentreffen, bei denen Hunderte oder gar Tausende scheußliche Riten vollführten. Diejenigen Dämonologen, die einen Flug für unmöglich hielten, mußten selbstverständlich an der Hypothese der Hexenversammlungen zweifeln. Dennoch waren die meisten der gebildeten Europäer seit dem späten 16. Jahrhundert von tatsächlich stattfindenden Hexensabbaten überzeugt.

Der Hexensabbat

Wo der Teufel, erleuchtet vom Feuer, schrecklich und ernst auf einem Thron präsidiert

Der Ketzersabbat entwickelt sich zum Hexensabbat

Die Vorstellungen über den Hexensabbat entstammen im wesentlichen der südfranzösischen Ketzerbekämpfung zu Beginn des 14. Jahrhunderts. Spätmittelalterliche Quellen unterstellen insbesondere den Waldensern sexuelle Orgien und Satansverehrung in der *Synagoga Satanae*, einem nächtlichen geheimen Treffen der Sektenmitglieder. Gerade das meist nachts stattfindende Aufnahmeritual der Waldenser, das *Consolamentum*, in dessen Verlauf ein Friedenskuß ausgetauscht wurde, die Männer sich umarmten und die Frauen sich am Arm berührten, gab Anlaß zu Spekulationen. Mitte des 15. Jahrhunderts begann man schließlich, die Einzelheiten über den Ketzersabbat, die man aus den Geständnissen Angeklagter während der Folter gewonnen hatte, auf die angeblichen Zusammenkünfte von Hexen und Zauberern zu übertragen.

Anklage wegen Schadenzauber führt zu Sabbatgeständnis

So stand ein Mann namens Staedelin in einem Schweizer Prozeß um 1400 ursprünglich wegen Erntevernichtung und Schadenzauber an Vieh vor Gericht. Unter der Folter erpreßte man ihm aufgrund gezielter Befragung das Geständnis des Dämonenpakts und der Teilnahme an einer Sekte von Teufelsanbetern, die den christlichen Glauben verleugneten, Kleinkinder töteten und magische Salben verwendeten, um damit Schäden zu verursachen.

Eine christliche Antiwelt

Vonseiten der Theologen stand eine rituelle Umkehr der moralischen, tugendhaften und guten christlichen Welt im Mittelpunkt der Sabbatvorstellungen. Insbesondere in den klerikalen Phantasien von nacktem Tanzen auf dem Sabbat und von hetero- sowie homosexuellen Praktiken zwischen den Hexen und den Teufeln spiegelt sich die sexualfeindliche Haltung der frühneuzeitlichen Kirche. Es wurde das Bild einer Gesellschaft gezeichnet, die nicht nur der sexuellen Ausschweifung, sondern auch der Gewalt, dem Laster wie allem Häßlichen und Abstoßenden frönte. Aus diesem Grund gipfelte der Hexensabbat nach Ansicht der Dämonologen in einer Art von teuflischer Liturgiefeier. Kirchliche Zeremonien wurden dabei in ihr Gegenteil verkehrt. Man stellte sich vor, daß auf dem Hexensabbat Hostien, die meist aus Abfall bestanden, mit Füßen getreten würden, die Versammlung mit einem schwarzen Wedel gesegnet werde, Zelebranten auf dem Kopf stünden, Gebete und das Glaubensbekenntnis rückwärts aufgesagt und christliche

Segensformeln mißbraucht und umgedeutet würden, wie »Gehet hin im Namen des Teufels«.

Abb. nächste Doppelseite: »Eigentlicher Entwurf und Abbildung deß gottlosen und verfluchten Zauber-Festes« (originale Bildunterschrift)

Volkstümliche Sabbatvorstellungen

Im Gegensatz zu diesen Vorstellungen von Teufelsanbetung und orgiastischem Gelage stehen die Anschauungen der dörflichen Bevölkerung sowie die Aussagen Angeklagter. Hier ist kaum die Rede von Teufeln und Dämonen, sondern von einer Versammlung ähnlich einer Kirmes oder eines Dorftanzes. Nicht schwarze Messen, Satanskult und Orgien prägen den Hexensabbat. Die Versammlung der Hexen mit ihren Buhlteufeln, die keineswegs als schreckliche Monster dargestellt werden, ist einem Bauernfest, einer Dorfhochzeit gleich. Die der Hexerei Angeklagten schildern dieses Fest aus ihrem persönlichen Erfahrungsbereich heraus als Zusammenkunft, bei der vor allem viel gegessen, getrunken und getanzt wird. Entsprechend der dörflichen Gesellschaftsstruktur war auch die Hexenversammlung hierarchisch gegliedert. Allerdings kam es hier nicht auf die Standesunterschiede an. Es zählte vielmehr die individuelle Leistung, das heißt das Ausmaß des erfolgreich vollbrachten Schadens im Auftrag des Teufels.

Wann und wo treffen sich die Hexen?

Wie jede andere Gemeinschaft trafen sich die Hexen regelmäßig an bestimmten Tagen an einem dafür ausgewählten Ort. Da es sich ja um eine Geheimsekte handelte, eigneten sich besonders entlegene, nicht besiedelte Gegenden. Häufig standen diese Orte wie der Brocken im Harz oder der Blocksberg mit alten magischen Ritualen in Verbindung. Heidnische Vegetations- und Fruchtbarkeitszauber wie die Feier des Frühlingsanfangs fanden an diesen kultischen Plätzen statt.

Gleichermaßen bevorzugten die Hexen neben der Fronfastenwoche allgemein die Donnerstage für ihre Zusammenkünfte. Auch besuchte der Teufel die Hexen gerne donnerstags oder vollzog an diesem Tag den Pakt mit ihnen. Dieser Tag steht in Verbindung mit dem Donner- und Gewittergott Donar, dessen geheiligtes Tier auffallenderweise der Bock war.

Zur Tagesordnung des Hexensabbats

Seit dem 15. Jahrhundert verdichteten sich die Spekulationen über die Versammlungen der Hexensekte hin zu einem klaren Konzept mit detailliertem und einheitlichem Ablauf. Danach gestaltete sich ein solches Treffen folgendermaßen: Die Hexen kommen von überallher zum nächtlichen Sabbat geflogen, der Teufel erscheint, seine Anhänger huldigen ihm, Neulinge werden aufgenommen, dem Teufel wird geopfert, es folgt ein gemeinsames Mahl, danach der Tanz und sexuelle Orgien, schließlich erhalten die Hexen Aufträge, Salben und Pulver für Schadenzaubereien. Sodann fliegen sie wieder nach Hause.

Abweichungen von diesem Schema betreffen zeitlich oder regional bedingte unterschiedliche Vorstellungen. So werden beim Mahl Speisen gereicht, die der jeweiligen Landesküche entsprechen. Ebenso tritt der Teufel in diversen Gestalten auf. Dabei schwanken die jeweiligen Vorstellungen vom menschlichen Wesen über den Ziegenbock bis zum Hund oder zur Katze.

Nächste Doppelseite: Zauberfest auf dem Brocken, Michael Herr und Matthäus Merian d. Ä., 1626, Kupferstich, Radierung; Nürnberg, Germanisches Nationalmuseum, Inv.-Nr. HB 802 Kapsel 1283

B. Berg

Michael Herr inuent.

So hat ein Zauberer bekannt, »daß wann er zum Hexen=Tantz vertragen würde / so finde er stets eine Unzahl solches Teuffels=ergebenes Gesindes / welches nachdem es einen Bock angebetet / und zu Ehren an den Hindern geküsset / so thue es einen Tantz / Rücken an Rücken / und darauff pflege es fleischlicher Vermischung mit den Teuffeln.«
Johannes Praetorius: Des Blockes-Berges Verrichtung

Sabbat auf dem Blocksberg, anonyme Illustration zu J. Praetorius »Des Blockes-Berges Verrichtung«, 1669; Cornell University Library

Treueeid, Teufelsanbetung, Opferung

Nachdem sämtliche Hexen und der Teufel in Tier- oder Menschengestalt auf dem Sabbat eingetroffen sind, beginnt meist die Huldigung des Teufels. Diese konnte durch ein Niederknien erfolgen, aber auch indem man ihm den Rücken zukehrte oder gar auf den Händen lief. Der obligatorische Kuß auf den Hintern des Teufels stellte einen ersten Höhepunkt des Sabbats dar. Im Rahmen dieser Zeremonie legten die neuen und bisweilen alle Mitglieder einen Eid ab, dem Teufel treu

zu sein, ihm neue Mitglieder zu bringen, dem christlichen Glauben abzuschwören, keine Geheimnisse der Sekte zu verraten, zum Versammlungsort zu kommen, sobald man gerufen wurde und Schadenzauber zu verüben. Manchmal kamen weitere Versprechen wie das Töten kleiner Kinder, speziell der Impotenzzauber oder das Rächen eines anderen Sektenmitglieds hinzu. Nicht selten schildern die Dämonologen anschließende Opferungen mitgebrachter Hostien, die im späteren Verlauf geschändet wurden, oder kleiner sowie ungetaufter Kinder. Mit Delrios

Worten: »Dem Teufel zu Ehren töten sie in grausamer und schändlicher Weise die eigenen und fremde Kinder und überreichen sie ihm [dem Teufel].« Die theologische Meinung, daß viele Kinder auf dem Sabbat dem Teufel geweiht werden, hatte verhängnisvolle Folgen. Aus diesem Grund wurden unzählige Nachkommen von bereits der Hexerei Verurteilten auf den Scheiterhaufen gebracht.

Der Festschmaus

Nach weiteren Greueln und Abscheulichkeiten, wie der Schändung von Hostien, der Feier einer Parodie auf die katholische Meßfeier und dergleichen, schritt man nach dämonologischer Ansicht zur Festtafel. Meist reichte man hier allerdings Speisen ohne jeden Geschmack oder widerliche, unappetitliche Dinge. Unter anderem aßen die Versammelten, die entsprechend ihrer Rangordnung am Tisch Platz nahmen, angeblich vom Fleisch der getöteten

Kinder oder vermischten deren Asche unter die Speisen. Übereinstimmend bestätigen zahlreiche »Geständnisse« ausdrücklich, daß die beiden Nahrungsmittel, auf denen Gottes Segen besonders ruhte, das Brot und das Salz, nicht vorhanden waren. Das Brot als Grundnahrungsmittel und das Salz mit seiner konservierenden und lebenserhaltenden Eigenschaft blieben der Symbolik der christlichen Glaubenslehre vorbehalten.

Sexuelle Ausschweifungen und Tanz

Parallel zum Festmahl oder erst im Anschluß daran begannen die Hexen mit ihren Teufeln wilde Tänze aufzuführen. Die Musiker spielten auf Geigen, Trommeln, Flöten sowie auf so kuriosen Instrumenten wie Pferdeschädeln und »einem schlimmen Stab«. Dabei bewegte man sich nackt entweder »lingß herumb«, zur linken, d.h. falschen Richtung hin, oder »hinderrucks« mit dem Rücken zueinander.

*Hexenküche,
Jacques de Gheyn II., Zeichnung, 1604;
Berlin, Kupferstichkabinett*

Der Hexensabbat im Bistum Trier nach den Bekenntnissen der Hexen

Flugblatt, Kupferstich, Radierung, 1601/1615; Nürnberg, Germanisches Nationalmuseum, Inv.-Nr. HB 24861, Kapsel 1283

Im Verlaufe des wilden Tanzes im Rhythmus der Musik gerieten die Feiernden zunehmend in Ekstase. So kam es schließlich zu den vielfältigsten »widernatürlichen Vermischungen«. Die theologischen Ausführungen wissen von öffentlicher Liebe, inzestuösen, homosexuellen und sodomitischen Praktiken zu berichten. Etwas verschämt löschte man allerdings in diesem Stadium der Zeremonie die Kerzen.

Ein für Spielleute mitunter tödliches Engagement

Nicht ungefährlich war die unabdingbare Anwesenheit von Musikern auf dem Sabbat für so manchen Spielmann. So beschloß 1654 der Spielmann Berendt Piper aus Heidenoldendorf bei Lippe sein Leben auf dem Scheiterhaufen. Einige der Hexerei Angeklagten hatten ihn als Trommelschläger beim Hexentanz identifiziert.

Es kommt oft vor, daß die Teufel ihre Schutzbefohlenen an die Hand nehmen und daß alle zusammen, die dazu fähig sind, einen absurden Ritus vollführen, indem sie Schulter an Schulter einen Kreis bilden, sich an den Händen fassen und tanzen, wobei sie den Kopf schütteln und wie besessen Drehungen machen. Zuweilen halten sie brennende Kerzen in der Hand, während sie den Teufel anbeten und ihn in der besagten Weise küssen, und sie singen zu seinen Ehren obszöne Lieder und tanzen zum Klang einer Trommel und Flöte, die von einigen gespielt werden, die auf den Ästen eines Baumes sitzen. Die Teufel vermischen sich so stark mit ihren Anhängern, daß sie lächerliche und gegen die Sitten der übrigen Sterblichen verstoßende Dinge aufführen.
Martin Delrio, Beschreibung eines Hexensabbats in seinem Werk Disquitionum magicarum libri VI., 1599

Von Beruf Pfeifer, verdiente er sich sein Geld schon seit 55 Jahren mit Geigen-, Pfeifen- und Trommelspiel. Im Krieg erreichte er sogar eine Anstellung als kaiserlicher Pfeifer. Erschwerend erwies sich für den armen Musiker, daß er ein Einzelgänger ohne intensive Kontakte im Dorf war und nicht gerade häufig in der Kirche erschien. Stattdessen hielt er sich zur Zeit des Gottesdienstes verdächtigerweise meist in seiner Gartenlaube auf und niemand wußte so recht, was er dort wohl machte. Nach dem Folterverhör gestand er schließlich, was man von ihm hören wollte.

Als krönender Abschluß der Zeremonie wurden vom Teufel Pulver und andere Gifte verteilt. Mitunter brauten die Versammelten die Hexensalben auch gemeinsam auf dem Sabbat, welche bestanden »von der feistigkeit der kinde, die gebraten und gesotten sein, und mit andern vergifften dingen, als schlangen, eidessen, krotten, spinnen«. Verschiedene Gemische dienten außerdem für ganz spezifische Schädigungen. So erzeugte man Nebel mit einem Pulver aus Innereien.

Der Glaube an die magischen Fähigkeiten des Schadenzaubers fand weite Verbreitung in der Bevölkerung. Für den bäuerlichen Hexenglauben galt der Schadenzauber als das eigent-

Das Malefizium

Was Sie mit ihren Teiflischen Pulver und Salben
für leith und vieh umgebracht

liche, wesentliche Element des Hexenwesens. Es war die persönliche Schädigung und damit die unmittelbare Betroffenheit, die gefürchtet wurde. Leicht ließen sich Beweise oder Indizien ausfindig machen und mit ohnehin irgendwie verdächtigen und berüchtigten Personen in Verbindung bringen. Die Beziehung zum Teufel sollte dabei nur zweitrangig sein, obschon die führenden Schichten die Ängste sicher zusätzlich schürten, indem sie den Teufel als eigentliche Quelle der Hexenmagie herausstellten. Besonders die Reformation trug nicht unwesentlich zur Verbreitung des Bewußtseins enormer teuflischer Mächte bei.

Das breite Spektrum
des Schadenzaubers

Grundsätzlich war den Hexen jede Art von Schandtat möglich, egal ob es dar-

um ging, jemanden in den Wahnsinn zu treiben, Tiere und Menschen mit einer Krankheit zu belegen oder zu töten. Dennoch kehren einige Delikte in theoretischen Erörterungen, in Fragenkatalogen sowie in Prozeßakten gehäuft wieder. Hierzu zählen das Töten von Menschen und Tieren, das Anhexen von Krankheiten, das Zerstören von Ehen, der Impotenz-, Wetter-, Milch- und Butterzauber.

Das Tothexen erfolgte meist durch einen Zaubertrank, der dem Opfer eingegeben wurde, oder durch Einblasen von pestilenzialischer Luft. Desgleichen bliesen die Hexen Haustiere an oder bestrichen diese mit Salben, um Krankheiten und Tod zu bewirken.

Milch- und Butterzauber

Es verwundert kaum, daß in der bäuerlichen Gesellschaft die Annahme weit verbreitet war, es liege eine Art von Zauberei vor, wenn die eigenen Kühe

[…] sie können nämlich Milch, Butter und alles aus einem Haus stehlen, indem sie es aus einem Handtuch, einem Tisch, einem Griff melken, das ein oder andere gute Wort sprechen und an eine Kuh denken. Und der Teufel bringt Milch und Butter zum gemolkenen Instrument. […] Auch können sie geheimnisvolle Krankheiten im menschlichen Knie erzeugen, daß der Körper verzehrt wird. Wenn du solche Frauen siehst, sie haben teuflische Gestalten, ich habe einige gesehen. Deswegen sind sie zu töten.
Luthers Predigt über Exodus 22,18,
Wittenberg 1526

zu wenig oder keine Milch gaben oder jedenfalls auf unerklärliche Weise mit den Milchmengen der Kühe des Nachbarn nicht konkurrieren konnten. Der Milch- und Butterzauber bot deshalb eine akzeptable Erklärung. Die einfachste Möglichkeit, an fremde Milch beziehungsweise an Butter zu kommen, bestand nämlich darin, ein Messer in eine Wand zu stecken und dieses zu melken. Dabei mußte man sich die Kuh genau vorstellen, der man die Milch stehlen wollte.

....

Wetterzaubereien

Für die Erzeugung von Unwettern standen mehrere Vorgehensweisen zur Verfügung. Erfolgversprechend erwies es sich offensichtlich, Nebel, Sturm, Frost, Regen und Reif hervorzurufen, indem die Teilnehmer einer Hexenversammlung gemeinsam im Namen des Teufels mit Ästen, Stäben und Ruten auf die Erde oder das Wasser einschlugen. Gemeinschaftliches Agieren war jedoch nicht unbedingt nötig. Einzelne Personen verursachten Wetterkatastrophen durch die Anwendung von Kuhdung, Asche oder Blütenteilen, die in die Luft geworfen wurden sowie von zauberischem Gebräu.

Da die dörfliche Gesellschaft unweigerlich auf die Erträge der Landwirtschaft angewiesen war, hatten ungünstige Wetterbedingungen verheerende Auswirkungen. Wenn die Ernte verdarb, bedingte dies regelmäßig eine Verteuerung der Grundnahrungsmittel. Hungersnöte und Seuchen waren häufig die Konsequenz (Tafel XI, Seite 109).

Oben links und rechts: Zwei verbreitete und gefürchtete Arten des Schadenzaubers. Eine auf einem Pentagramm knieende Frau begeht Milchzauber, eine andere schlägt einen Nagel in ein Weinfaß, um es zusammen mit ihrem krallenfüßigen Teufel anzuzapfen

Der Teufel verkuppelt die Ehebrecher unter den mahnenden Worten: »Du sollst keines Fremden Weib begehrn.«

*Oben links und rechts:
Anonyme Holzschnitte zu Hans Vintler:
Tugend-Spiegel, Augsburg 1486;
München, Graphische Sammlung*

*Mitte:
Der Teufel verkuppelt die Ehebrecher,
Holzschnitt aus »Büchlein, das da heisset
der Sele trost«, 1478;
München, Graphische Sammlung*

sieden

Secht an ob das nit wunder

Das alte weiber feindt so blindt \feint
Vnd hondt so grosses rach im hertzen
Das sie hertzen leidt vnd schmertzen
Fiegent zü ein gantzen landt
Dem sie den hagel gsotten handt
Vnd verderben wein vnd korn
Das die frucht all sey verlorn
Daran sie handt ein grosse freid
Wan sie handt gstifft das hertzen leid
Da mit verderbt handt reich vnd arm
Hie leider das es got erbarm
Das solich rach im menschen leit
Solich menschen treit yetz vnser zeit

m ij

Frau beim Hagelsieden

Anonymer Holzschnitt zu
Thomas Murner: Narrenbeschwerung,
Straßburg 1518;
Privatsammlung

Ebengedachter Author [J. Nider] schreibt auch/wie er noch uber eyne andere Zäuberin von Costentz das Recht ergehen lassen /welche bekant/daß als sie war genommen/wie alle Dorffleut bei eyner Hochzeit weren/und sich mit dantzen erlustigten/sie aber allein ungeladen gewesen/sich auß Neid und Zorn bei hellem tag inn Angesicht der Hirten vom Teufel auf eyn kleyns Berglein nah bei dem Dorf hab vertragen lassen/ und als jhr an Wasser gemangelt/ welchs sie inn eyn Grub/die sie/ wie sie bekant/nach gewonlichem prauch zu erregung eyns Ungewitters gegraben gehabt/eingissen wöllen/hab sie darein geharnet/ den Bruntz inn der Gruben herum gerürt/und etlich Wort darzu gesprochen/und bald hernach/sei der Himmel/so sonst klar und hell gewesen/trüb und tunckel worden /und eyn ungestümer Hagel darauff erfolgt/und allein das Dorf/ sampt allen denen/so bei dem dantz warn/getroffen: Hiernach sei die Zäuberin widerumb inn das Dorff gekehrt: Welche/als die Dorffleut ersahen/fuhlen sie darauff/daß sie die Wettermacherin sein müßte. Als sie nun gefänglich angegriffen worden/haben die Hirten bekundschafft/wie sie die Vettel inn den Lüfften damals haben fahren gesehen: Dessen sie auch/nach dem sie verklagt worden/ist bekantlich gewesen/und nach allem lebendig verprannt worden.

Jean Bodin über Wetterzauber in
De Daemonomania Magorum, 1580

Tafel I: Auf einer vom Mond erhellten Wiese findet dieser Hexensabbat statt. Mehrere Frauen unterschiedlichen Alters beten einen großen schwarzen Ziegenbock an und offerieren ihm Kinder als Opfergaben. Die kleinen menschenähnlichen Gestalten, welche an einem Stock hängen, könnten Wachsfiguren sein, die für das Verüben von Schadenzaubereien nötig waren

Tafel II: Fünf häßliche alte Hexen bedrohen eine verängstigt betende, junge Frau. Ein als Kerze dienender Knochen und die Säuglinge im Korb spiegeln den Glauben wider, daß Hexen Körperteile Toter für ihre Zaubertaten verwendeten und insbesondere kleine Kinder zu schädigen versuchten

Tafel III: Drei in der Luft schwebende Ketzer saugen anscheinend das Blut aus einem menschlichen Körper. Hexen, Nachtwesen, Gespenstern und Ketzern warf man ähnlich scheußliche Vergehen vor

Tafel IV: Der Teufel in Gestalt eines großen schwarzen Ziegenbockes steht im Mittelpunkt einer nächtlichen Hexenversammlung in Goyas Reihe der »Schwarzen Bilder«

Tafel VA: Eine den volkstümlichen Vorstellungen entsprechende Darstellung des Hexensabbats: wie bei jedem Fest wird auch hier viel gegessen, getrunken und getanzt

Tafel VB: Der Teufel präsidiert auf seinem Thron, umgeben von männlichen und weiblichen Anhängern sowie Dämonen. Während eine Hexe ihrem Dämon einen Treuekuß auf das Hinterteil gibt, braut ein Dämon giftige Mittel, welche den Hexen und Zauberern mitgegeben werden, um damit Schäden zu verursachen. Eine weitere

Frau ist gerade dabei, ein Unwetter zusammenzubrauen

Tafel VI: In einer Handschrift, welche 1451 im Kloster Notre-Dame zu Arras geschrieben wurde, fliegen zwei als »Vaudoises« bezeichnete Frauen auf einem Besen bzw. auf einem gewöhnlichen Stock

Tafel VII: Um 1460 verfaßte der Theologe Johannes Tinctoris einen Traktat über die Ketzersekte der Waldenser, welche bereits mit der Hexensekte identisch erschien. Die Mitglieder huldigen einem Teufelsbock, während weitere Sektenangehörige von Dämonen durch die Luft getragen werden

Tafel VIII: Die heilige Justina wird vom Teufel versucht, der sich als Frau verkleidet hat und an seiner tierischen Fußgestalt zu erkennen ist

Tafel IX: Der Teufel und seine Dämonen konnten nach verbreiteter Meinung einen menschlichen Körper vollständig in Besitz nehmen. Zahlreiche Exorzisten reisten deshalb in einer Zeit der Teufelshysterie durch die Lande, um Dämonen auszutreiben. Die Besessenen begingen unter den teuflischen Einflüssen angeblich die schrecklichsten Taten und konnten nur geheilt werden, indem der Exorzist die bösen Geister dazu nötigte, den Körper wieder zu verlassen

Tafel X: Unter einem Galgen, an welchem noch der tote Körper eines Gehenkten baumelt, gräbt eine Hexe offensichtlich nach Alraunwurzeln, die für zauberische Salben und Tränke unentbehrlich waren. Eine weitere Hexe trägt Schierling in ihrer hochgerafften Schürze. Einige Dämonen sorgen für die entsprechende Geräuschkulisse in dieser düsteren Szenerie

Tafelteil
Bildunterschriften

Tafel XI: Hans Baldung Grien (um 1485–1545), Gemälde 1523; Frankfurt/M., Staedelsches Kunstinstitut

Tafel XII: Paul Troger (1698–1762), Öl auf Leinwand, zwischen 1729–43; Karlsruhe, Staatliche Kunsthalle, Inv.-Nr. 2563

Tafel XIII: Frans Francken (1581–1642), Gemälde, 1607; Wien, Kunsthistorisches Museum

Tafel XIV: Johann Heinrich Füssli (1741–1825), Öl auf Leinwand, 1783; Kunsthaus Zürich

Tafel XV: Antoine Wiertz (1806–1865), Öl auf Leinwand, 1857; Bruxelles, Musée Royal des Beaux-Arts de Belgique, Inv.-Nr. 1927

Tafel XVI: Farblithographie von Heinrich Vogeler (1872–1942), um 1909; in: Jugend Jg. 1909/1, S. 405

Tafel XVII: Albert Welti (1862–1912), Öl/Tempera, 1896; Kunsthaus Zürich

Tafel XVIII: Alfred Kubin (1877–1959), Tuschfeder, aquarelliert auf Büttenpapier, 1925; Linz, Oberösterreichisches Landesmuseum, Inv.-Nr. 820-1-HAII3467

Tafel XIX: Hans Thoma (1839–1924), Zeichnung, Feder, Pinsel, Wasser- und Deckfarbe, 1869; Badische Kunsthalle Karlsruhe, Inv.-Nr. VIII 2956

Tafel XX: Flugblatt, gedruckt bei Michael Manger, Augsburg, 1600; München, Stadtbibliothek, Graphiksammlung, Inv.-Nr. M I/320

Tafel XI: Zwei Hexen erzeugen ein Unwetter mit Hilfe spezieller Zutaten sowie eines Dämons, die sich allesamt in einer hochgehaltenen Glasflasche befinden

Tafel XII: König Saul sucht in einer ausweglosen Situation heimlich die Hexe von Endor auf, um sich die Zukunft deuten zu lassen. Die Wahrsagerin entspricht diesem Wunsch, indem sie den Geist des verstorbenen Samuel heraufbeschwört. Die schreckliche Prophezeiung erfüllt sich: »Der Herr wird das Reich von deiner Hand reißen ... Morgen wirst du und werden deine Söhne bei mir sein.«
(Samuel I, 28)

Tafel XIII: Mehr als 30 Hexen – junge und alte, Edelfrauen und Bäuerinnen – sowie zahlreiche Dämonen beschäftigen sich in dieser »Hexenküche« mit Schadenzaubereien

Tafel XIV: »Unheilsschwestern, Hand in Hand ziehn wir über Meer und Land.
Rundum dreht euch so, rundum: Dreimal dein und dreimal mein, und dreimal noch, so macht es neun – Halt! – Der Zauber ist gezogen.
(Shakespeare, Macbeth I, 3)

Tafel XV: Eine junge, nackte Hexe setzt zum Flug an und wird dabei offenbar von einer alten magiekundigen Person in rotem Umhang mit Mond- und Sternemblem und einem aufgeschlagenen Zauberbuch unter-

wiesen. Zugleich schützt diese Gestalt die entblößte Frau vor den lüsternen Blicken der im Hintergrund stehenden Kleriker

Tafel XVI: Der Hexenritt durch den nächtlichen Himmel auf dem Besen als einem »Werkzeug der Lust«

Tafel XVII: Eine stürmische Schornsteinausfahrt mit anschließendem Flug, bei dem man sich mit wilden Purzelbäumen vergnügt

Tafel XVIII: Der Künstler Alfred Kubin beschreibt seine »Mooshexe« als geheimnisvolle junge Außenseiterin, die sich bei Zell am See ein Moosgrundstück kauft, in einem kleinen Häuschen mit zahlreichen Tieren lebt, gerne »splitternackt« badet und auf ihrer alten Laute spielt.

Tafel XIX: Eine Gruppe von zwölf Frauen verschiedenen Alters reitet in schneller Bewegung durch die Nacht und erinnert damit an den äußerst populären Volksglauben der »Wilden Jagd« oder des »Wilden Heers«. Typische Elemente des Hexenritts sind neben Besen und Stöcken die Ziegenböcke, das Schwein sowie die den Flug begleitende Eule

Tafel XX: Den weithin aufsehenerregenden Pappenheimer-Prozeß, der im Jahre 1600 in München inszeniert wurde, hielt ein Augsburger Verleger sehr geschäftstüchtig in Form eines Einblattdruckes für das Publikum fest

IV

Va

V B

Kurtze Erzöhlung vnd Fürbildung der vbelthatten/welche

von Sechs personen/als einem Mann/seinem Eheweib/zweyen jrer beiden Söhnen/vnd zweyen anderen
Ihren Gesellen/begangen/was massen sie auch/an dem 29. Tag deß Monats Julij/in dem 1600. Jar/in der Fürstlichen
Hauptstatt München/von dem Leben zum Tod gebracht worden/den Bösen zu einem Schröcken/den Frommen
aber zur Wahrnung/für die Augen gestellt.

Schröcklich vnd Erbärmlich ist es anzuhören/das
Sechs so geringe vn vnansehnliche Personen/so vil junger vnd
alter Leuth/abgöttisch verzaubert/erkrümbt/getödtet vnd ermordet/ohne andere
grosse Sünden vnd Vbelthatten/die sie mit Raub/Diebstahl vnd anderen sachen begangen
haben/daß der Vatter Paulus Gämperle sonst Pappenheimer genät/seines alters 58. Jar/
hat allein Hundert junge Kinder/vn Zehen alte Leuth/mit grewlicher Zauberey erkrümbt/
vnd erbärmlich vmbbracht: Ist auch vilmaln den Wirten vnd anderen Leuthen in die
Keller gefahren/vnd da von Speiß vnd Tranck/was Er bekommen/ohne scheuch genommen:
Zehen Kirchenraub begangen: Vierzig vnd Vier Personen gewalthätig mit eigner Hand
ermordt: Achtmaln den Leüthen Hauß vnd Städel angezündt: Zu Viertzehenmalen
nächtlicher weil in die Häuser gefallen/die Leüth beraubt vnd geblindert: Zum Fünfften
mal die Leut/auff den Strassen beraubt/vnd Vier andere Diebstähl begangen.

Ebner massen hat sein Weib/Anna Gämperlerin/so 60. Jar alt/ain hundert junger
Kinder/vnd Neünzehen alte Menschen/mit Zauberey angriffen/erkrümbt vnd Gottloser
weiß getödtet: Ist Achtmalen in die Keller gefahren/mit eigner Hand einen Mord ver
bracht/zweymalen anderer Häuser in Brand gesteckt: Vier Hagel vnd Schaur gemacht/
deß Vichs so offt vergifft vn angericht/daß sie es nit alles hat zelen könden.

Der älter jr beider Sohn/Gumprecht genant/von 22 Jaren/hat dreissig Kinder/
vnd alten Leüthen/mit Zauberey den Tod verursacht: Ist zu Zwölffmalen in die Keller ge
fahren: Sie Kirchen neünmalen angriffen vnd beraubt: Zweinzig vnd vier Mord began
gen: Neün Häuser mit fewr angesteckt: Sechs malen nächtlicher weyl eingefallen/vnnd
die Leüth beraubt: Zum Viertdenmal Straßrauberey geübet: Fünff andere Siebställ ver
bracht: Siben Schaur vnd Hägel gemacht: Vnzählich vil Vich vnd Weyden vergifft vnnd
verdörbt: Vnder frommen Eheleüthen/zum Vierdenmal/böse Ehen angerichtet.

Der ander jr Sohn Jacob von 21. Jaren/hat Fünff vnd Sechzig junge Kinder/vnnd
fünffalte Leüth mit Zauberey hingericht: Ist Zehenmal in die Keller gefahren: Fünff
Kirchenraub begangen: Drey vnd dreissig Personen ermordt/mörderischer weiß
vmb jr Leben gebracht: Fünffmalen fewr eingelegt: Fünff nächtliche Einfäll gethon/Vier
andere Siebställ begangen: Zehen Hagel vnnd Schaur gemacht: Sechs vnd zweinzig
mal Vich vnd Weyden vergifft.

Die Fünffte Person ist gewesen/Ein Wirt von Settenwang/Vlrich Schalzbaur 68.
Jar seines alters/der hat ain vnd Sibenzig Kinder/vnd Dreissig alte Menschen mit Zau

berey hingericht: Ist zum Sibendenmal in die Keller gefahre: Drey handthättige Mord
begangen: vnd Vierzigmal Vich vnd Weyd verdörbt.

Die Sechste Person ist gewesen ein Schneider/Georg Schmölzel genant/von Bruñ/
seines alters Fünffzig Jar/hat Sechs vnd dreissig junge Kinder/vn Fünfftzehen alte Leüth
mit Zauberey getödtet: Sechs malen in die Keller gefahren: Viermalen Kirchenraub/vnd
Zwey Mord begangen: Zweymalen gebrañt: zu Hagel vñ Schaur geholffen/vnd zu Drey
malen die Weyd verdörbt.

Haben also dise Sechs Malefizische Personen/in einer Summa Vier hundert vnd ain
Kind/Fünff vñ Achzig alter Leüth/mit Zauberey hingericht: Vier vnd Fünffzig mal in
die Keller gefahren: Acht vnd zweintzig Kirchenraub vnd Ain hundert vnd Siben Mord
begangen: Sechs vnd zweintzigmal gebrannt: Fünff vnd zweintzigmal Nächtlicher weil
eingefallen: Neünmalen Straßrauberey getriben: Dreyzehenmal Siebstahl verbracht:
Ain vnd zweintzig Hagel vnd Schaur gemacht: Vnzählich vil malen Vich vnd weyd ver
dörbt/vnd Vier vose Ehen getödtet.

Als nun jetzt ermelte Personé lange Zeit gefangé gelegen/vñ lang darüber disputiert
vnd berathschlagt worden/mit was Tod sie von dem Leben möchten gebracht werden/hat
man sie endlich an dem 29. des Monats Julij deß 1600. Jars fürgeführt/Jhr Ver
brechen nur Summarischer weiß verlesen/vnd dannoch vber die zwo Stund damit zuge
bracht/Volgends der Frawen die Brüst abgeschnitten/mit heissen Eysen/vmb das Blut zu
stellen/gebrännt/Jr wie auch den zweyen Söhnen/die Brüst dreymalen vmb das Maul
geschlagen/vnd gesagt worden/auß disen Brüsten haben Jr solche abscheuliche Bubenstuck
gesogen. Im außführen seind Jedem sechs Zwick mit glüenden Zangen gegeben/nachma
len bey der Richtstatt/den Fünff Mäns personen/jedem die beede Armb zweymal mit dem
Raad abgestossen/ferner seind die Söhn/vnd die andere zwen Mann/an Säulen mit eyse
rin Gürtlen angeschmidt/der Vatter aber gespißt/die Mutter in ein Sessel gesetzt/vnnd
alle samelich mit jämerlichem Geschrey/verbrannt worden. Vom Paul Gämperle sonst
Pappenheimer genennt/ein junger Sohn so noch bey Leben in verhafft ligt/muste also
solchem jämmerlichem Geschrey vnd hinrichten gefangen vnd gebunden/auff einem Roß
zusehen. Gott wölle alle fromme Leüth vor der gleichen Gesellen bewahren/vnnd die/
so mit gleichen vbelthatten behaffet seind/mit disem grewliché Schawspiegel erschröcken/
daß sie sich bekehren/Jre schwere Sünden erkennen bekennen/darvon mit warhaffter Büß
abstehen/vnnd ein frömmers Leben anfangen.

Getruckt zu Augspurg/bey Michael Manger/in Jacober Vorstatt.

Der Gang vom Gerücht bis hin zum Feuertod

Ründel von Krisenerscheinungen erschütterten die Menschen des ausgehenden Mittelalters und der frühen Neuzeit, so daß man auch von einem Zeitalter der Angst sprechen kann. Bedrohungen taten sich in sämtlichen Lebensbereichen auf, wie beispielsweise der Rückgang der Agrarproduktion und eine sich verschlechternde Konjunktur, damit verbundene Hungersnöte. Eine Verschärfung der sozialen Gegensätze in der Stadt und auf dem Land, Formen des Frühkapitalismus, Unruhen, Aufstände, Massensterben und Verelendung, Pest und Tierseuchen, Auseinandersetzungen der Territorialfürsten, das Vorrücken der Türken auf dem Balkan mit dem Fall Konstantinopels, Religionskriege, der Dreißigjährige Krieg, kirchliche Mißstände und Reformbewegungen sowie die Ängste vor irdischer Versuchung und anschließenden Höllenqualen taten ein Übriges. Im Spätmittelalter wurden die seelsorgerische Tätigkeit verstärkt und die christliche Glaubens- und Sittenlehre ausgebaut. Den Menschen wurde dabei eine immer größere Furcht vor dem Wirken Satans in der

Gerüchte und Verdachtsmomente

Sie stehe im Geschrei ...

Welt, vor magischen Praktiken in ihrer eigenen nächsten Nachbarschaft und Umgebung eingeflößt. Man erkannte die Gefahren, die von diesem Teufelswerk für das eigene Seelenheil ausgehen konnten.

Es erhob sich das ganze Land zu ihrer Ausrottung

Verständlicherweise suchte man nach einer Erklärung für diese Anhäufung von Krisen, egal ob es sich um eine

121

Anno 1626 den 27. May ist der
Weinwachs im Frankenland im
Stift Bamberg und Würzburg aller
erfroren wie auch das liebe Korn,
das allbereit verblüet. [...]
Hierauf ein großes Flehen und
bitten unter den gemeinen Pöffel,
warumb man so lang zusehe, das
allbereit die Zauberer und Unholden die Früchten sogar verderben,
wie dan ihre fürstliche Gnaden
nichts weniger verursacht solches
Uebel abzustrafen [...]
*Franken 1626, Mißernten führen
zu Hexenverfolgungen*

Mißernte, Überschwemmung oder um
eine Raupenplage handelte. Sowohl
vonseiten der Bevölkerung als auch
vonseiten der politischen und theologischen Eliten und Meinungsmacher
ging die Überzeugung aus, diese
Schuldigen in den Zauberern und
Hexen gefunden zu haben. In einer
Chronik über die im 16.Jahrhundert
umfangreichste und jahrelang andau-
ernde Hexenverfolgung in Kurtrier
heißt es: »Weil im Volks geglaubt wurde, die jahrelange Unfruchtbarkeit sei
vom diabolischen Haß der Hexen und
Zauberer verursacht, erhob sich das
ganze Land zu ihrer Ausrottung [...]«

Vorbereitungen auf die Walpurgisnacht

Nirgend nichts denn Furcht und
Schrecken, Teufel und Gespenster,
Unholde, Hexen, Mißgeburten,
Erdbeben, Feuerzeichen am Himmel, dreiköpfige Gesichter in den
Wolken und so viele andere Zeichen
göttlichen Zorns. Deren ohngeach-
tet gehen alle Laster im Schwang,
erschröckliche Mörder, Giftmischer
nehmen zu mit jeglichem Jahr in
allen Landen. Daneben treiben
Höllenzwinger, Geisterklopfer und
dergleichen Gelichters mehr unge-
scheut ihr Werk und verunehren und
schänden das göttliche, geoffenbarte
Wort.
*Lutherische Karfreitagspredigt des
Pastors Leonhard Breitkopf, 1591*

*Teresa Feodorowna Ries,
Plastik 1896;
verschollen*

> Nur immer zum Feuer mit allem Teufelsgesinde [...] und werden die Zauberkünste je länger je ärger [...] Wo die Obrigkeit lässig, [...] muß das Volk abtreiben und nach Kohlen und Feuer rufen, dieweil die Zahl der Unholden, wie man aus den Processen genugsam in Erfahrung bringt, von Jahr zu Jahr immer größer wird und zunimmt, daß es nicht zu sagen.

Sachsen 1573,
Aufruf an die Bevölkerung
zur Verfolgung

Wo die Obrigkeit nachlässig, muß das Volk handeln

Nicht selten wurde die Bevölkerung von den Obrigkeiten aufgerufen, die Inquisitoren und weltlichen Richter beim Aufspüren von vermeintlichen Hexen zu unterstützen. Die Anzeigung verdächtiger Personen geriet zur christlichen Pflicht, schließlich konnte man so das Seelenheil vieler Gemeinde- und Dorfmitglieder vor Schaden bewahren. Bereits Institoris schlug vor, daß die Richter einen entsprechenden Anschlag am Rathaus oder an der Kirche anbringen sollten. Als wirkungsvoll erwies es sich zudem, in Form von Predigten die Gefahren dieser Hexensekte möglichst drastisch zu schildern und gleich im Anschluß zur Meldung dieser Personen aufzurufen.

Abweichendes Aussehen oder Verhalten macht verdächtig

Im Normalfall mußte die Obrigkeit jedoch nicht lange um eine Anzeige verdächtiger Personen bitten. In den Dörfern und kleinen Städten, wo sich der überwiegende Teil der Verfolgungen abspielte, suchte man ohnehin nach möglichen Erklärungen für Unglücksfälle und Mißgeschicke aller Art. Und meist konnte man die Ursache auch in irgendeiner Person dingfest machen. In den kleinen Dorfgemeinschaften gab es stets irgendwelche auffälligen Personen, die ein merkwürdiges Verhalten, körperliche Schwächen oder außergewöhnliche Stärken, Fähigkeiten, Reichtümer aufwiesen, einfach als böse galten und einen mit unter vererbten schlechten Ruf hatten. Ereignisse, für die man in der damaligen Zeit keine natürlichen Erklärungen fand, konnten stets auf Hexerei beruhen, gleichgültig ob es sich um einen Sturz von der Leiter oder ein totgeborenes Kind handelte.

Grundsätzlich konnte jede Person Gerüchte und Verdächtigungen auf sich ziehen. Es reichte unter Umständen schon aus, einen Rosenkranz mit einem zerbrochenen Kreuz zu besitzen, Anzeichen von Nervosität zu zeigen, wenn das Gesprächsthema im

In einem magischen Zirkel knieend, beschwört eine Bauersfrau mit einem Ritualdolch und einem großen Stein Dämonen

Die Hexe,
David Teniers d. J.,
Ende der 1630er Jahre,
München, Alte Pinakothek

*Eine ruhende junge Hexe
wird von einer älteren
zum nächtlichen Hexen-
ritt abgeholt*

*Konturkopie nach Baldung;
Coburg, Kunstsammlungen der
Veste Coburg*

Dorf um Hexerei kreiste, die Kirche
zu häufig oder zu selten zu besuchen
oder sich eher zurückzuziehen als sich
an gemeinschaftlichen Aktivitäten zu
beteiligen.

Nur Verdächtige gehen
viermal um die Kirche

Man konnte sich auch zur falschen
Zeit am falschen Ort aufhalten, und
stand in der Folge aufgrund vorschnel-
ler Annahmen und Vorurteile unter
dem Verdacht der Hexerei. So war eine Frau im Jahre 1590 viermal um eine
Kirche in Freising herumgegangen.
Für dieses Verhalten bot sich für die
Gemeindemitglieder keinerlei sinnvol-
le Erklärung an, es sei denn, es handelte sich um einen magischen oder ritu-
ellen Hintergrund.

Ebenfalls 1590 hielt sich im gleichen Ort eine Frau während eines Ge-

witters auf einem Getreidefeld vor der
Stadt auf. Dafür gab es keine sofort
einleuchtenden Erklärungen. Es war
also möglich, daß sie dort einen
Wetterzauber ausführte. Noch unvor-
sichtiger verhielt sich im gleichen Jahr
eine Frau in der Nähe des Peißenber-
ges. Nicht genug, daß man sie kurz vor
einem Gewitter auf diesem Berg, auf
dem sich angeblich der Hexentanzplatz
befand, sah, sie entschuldigte sich
anschließend auch noch mit einer
Begründung, die sich als unwahr her-
ausstellen sollte.

Nicht selten wurde ein Verhalten,
welches ebensogut hätte als unwichtig
ignoriert werden können, dennoch
aufgrund persönlicher Feindschaften
und familiärer Auseinandersetzungen
als belastend uminterpretiert. Schließlich konnte man eine unliebsame
Person von interessierter Seite auch
ganz gezielt verdächtigen.

Die Stadt Wemding wurde bereits 1467 an Bayern angegliedert und unterstand im 17. Jahrhundert, zur Zeit der Wemdinger Prozesse, Maximilian I. von Bayern. In den Jahren 1609 und 1610 wurden in Wemding insgesamt 10 Personen der Hexerei überführt und hingerichtet. Der für diese Prozesse verantwortliche Wemdinger Pflegrichter Gottfried Sattler wurde seinerseits 1611 verhaftet und nach München gebracht. Inzwischen hatten sich im Münchner Hofrat die gemäßigteren Kräfte durchgesetzt. Man befand, daß Sattler einen »unformblichen Hexenproceß« in Wemding durchgeführt hatte, mit willkürlichen Verhaftungen, unrechtmäßigen Folterungen und mit dem Ziel der Bereicherung am Vermögen der Verurteilten. Gottfried Sattler wurde deshalb im Sommer 1613 im heutigen Markt Schwaben gehängt.

Die Verfolgungsgegner behielten nicht lange die Oberhand im Münchner Hofrat. Unter Einfluß des Landesherrn Maximilian I. und einigen Verfolgungsfanatikern wurde die Hexenjagd erneut verstärkt aufgenommen. Um die Prozesse voranzutreiben, wurden die Rechte der Stadt Wemding, die offensichtlich zu lässig vorging, eingeschränkt, sie wurde »der adjunction und verhör, auch beisitz« bei den Hexenprozessen enthoben. Man entsandte ab 1628 insgesamt mindestens drei Hexenkommissare aus München, um den gesamten Prozeßablauf zu leiten. Die Gutachten holte man von der juristischen Fakultät der Universität Ingolstadt ein. Während des zweiten Wemdinger Prozesses zwischen 1628 und 1631 mußten 39 Opfer die Todesstrafe erleiden, ein Gefangener beging Selbstmord. Der Einfall der Schweden im Jahre 1632 beendete schließlich die Prozeßtätigkeiten. Die erhaltenen Protokolle der beiden Wemdinger Prozesse erlauben einen für diese Zeit repräsentativen Einblick in die Mechanismen der Gerüchtebildung, die Entstehung von Verdachtsmomenten und die Vorwürfe, welche man den Verdächtigten für gewöhnlich machte.

························

Als Hexe geboren

························

Entsprechend im Volk weit verbreiteter Vorstellung übertrugen sich zauberische Fähigkeiten von einer Generation auf die andere. Besonders gefährdet waren deshalb Familienangehörige einer bereits der Hexerei überführten

Die dörfliche Gerüchteküche am Beispiel der Ortschaft Wemding

… und hätten ein motter gehapt, so ein zauberin geweßen, welches den Leuten gar verdächtig vorkommen

Person. Waren bereits die Eltern oder ein Elternteil verbrannt worden, standen die hinterbliebenen Kinder im Verdacht, die zauberischen Fähigkeiten gelernt oder geerbt zu haben. Bald gingen Gerüchte um, sie seien »erb zauberer« oder »hätten ein motter gehapt, so ein zauberin geweßen«. Es wurde angenommen, solch eine Person sei »als hex geboren« und »sei das Kind von Zauberern und könne ebensolche Kunst«. Kamen zu diesen Gerüchten noch ein paar ungeklärte Unglücksfälle hinzu oder Verhaltensweisen, die als verdächtig eingestuft werden konnten, dann stand einer Prozeßeröffnung meist nichts im Wege. Häufig nahm man ganze Familien oder zumindest mehrere Familienmitglieder gemeinsam gefangen und richtete sie vereint hin. Nicht selten versuchten die Familienmitglieder und

Nach der Legende gelingt
es dem Heiligen Jakob,
den Versuchungen des
Magiers Hermogenes zu
widerstehen, und schließ-
lich besiegt der Heilige
den Zauberer. Die Dar-
stellung dieser moralisie-
renden Legende weist
zahlreiche Elemente des
damaligen volkstümlichen
Aberglaubens auf: bei-
spielsweise die Ausfahrt
der Hexen durch den
Kamin, die auf Böcken,
Riesenratten und Drachen
reitenden Frauen und
die »magische Hand«
eines Gehenkten auf dem
Kaminsims

Der Heilige Jacob bei dem Magier
Hermogenes, Pieter van der Heyden nach
Pieter Bruegel d. Ä., 1565, Stich;
Paris, Bibliothèque nationale

DÍVVS   IACOBVS   DÍABOLICIS

...ESTIGIIS ANTE MAGVM SISTITVR

Cock·excudebat·1565

Bekannten sich möglichst von der Person abzugrenzen, die bereits der Hexerei verdächtigt wurde, und legten unter Umständen sogar Zeugnis gegen sie ab, um nicht selbst ins Gerede zu kommen.

Jörg Löfflad – ein Erbzauberer?

Am 17. August 1629 wurde die Melkerin Agnes Schneid in Wemding als Hexe hingerichtet. Ihr Enkel Jörg Löfflad hatte seine Eltern bereits in jungen Jahren verloren und wurde von der Großmutter aufgezogen, von der er auch die Melkerei erlernte. Nachdem seine Großmutter Agnes Schneid hingerichtet worden war, geriet auch Löfflad in den Verdacht, diese Kunst von seiner Großmutter erlernt zu haben. Im weiteren Verlauf dieser Prozeßwelle kam er immer mehr »ins Geschrei«. Schließlich beging er im Sommer 1630 den folgenschweren Fehler, mit seiner Frau und den drei noch sehr kleinen Kindern aus Wemding zu fliehen. In der Nördlinger Gegend wurde er als Gemeiner bei einer Reiterkompanie angeworben. Natürlich gingen auch hier Gerüchte über seine Flucht um, und bereits nach ein paar Tagen schloß man ihn als Gefangenen in einem Keller in Goldburghausen unter dem Verdacht der Hexerei ein. Man schickte nach Wemding und bot die Auslösung des Gefangenen gegen 40 Reichstaler an. Löfflad versuchte vergebens, seine Freilassung gegen 50 Reichstaler zu erwirken. Der Gefangene unternahm mit seinem Pferd mehrere Fluchtversuche auf dem Weg zurück nach Wemding. Seinen beiden Begleitern konnte er jedoch nicht entkommen, und so wurde er schließlich ausgelöst. Die vier Zeugen, die gegen ihn aussagten, hatten nichts anderes an

Indizien aufzubieten, als die Tatsache, daß die Großmutter Agnes Schneid, die ihn aufgezogen hatte, eben eine Hexe gewesen sei und Löfflad deswegen zu Recht im Geschrei eines Unholdes stehe. Außerdem habe er äußerst deutliche Anzeichen von Niedergeschlagenheit nach der Hinrichtung seiner Großmutter gezeigt. Besonders erschwerend erwies sich natürlich seine Flucht aus Wemding. Schließlich wurde er nach einjähriger Kerkerhaft zum Tode verurteilt.

Versagen der Volksmedizin

In jedem Ort fanden sich meist mehrere Personen, die über volksmedizinisches Wissen verfügten. Versagten sie allerdings irgendwann einmal in ihrer Heils- und Segenstätigkeit, so konnte dies leicht eine ganze Lawine an Verdächtigungen ins Rollen bringen. Plötzlich fiel wohl dem einen oder anderen ein, daß irgendeine Dienstleistung in der Vergangenheit auch nicht den gewünschten Erfolg gebracht hatte. Schließlich beobachtete man den Verdächtigen genau und stellte in der Folge vielleicht eine ganze Serie von Mißerfolgen fest.

Benedikt Keller – Heiler oder Hexer?

Benedikt Keller, der in Wemding eine kleine Badeanstalt unterhielt, war bereits vorbelastet, da seine Eltern, die Baderseheleute Leonhard und Anna im Jahre 1609 als Hexen hingerichtet worden waren. Über die Dauer von 21 Jahren brodelte die Gerüchteküche, da mehrere Zeugen im Verlaufe des Prozesses von 1609 auch gegen die Kinder ausgesagt hatten. Die Gefahr schwebte also bereits geraume Zeit über Benedikt Keller, der häufig wegen seiner volksmedizinischen Kenntnisse von den Bewohnern Wemdings aufgesucht wurde. Im Jahre 1630 bat schließlich der Zeuge Kratzer um Hilfe beim Bader, da sein Sohn an einem Sprachfehler litt. Benedikt Keller berührte den Jungen laut späterer Aussage Kratzers am Kopf und strich ihm mit dem Finger in den Mund. Woraufhin das Kind augenblicklich erlahmte, »welches doch zuvor wohl gehen mögen, also an allen Vieren erkrommt.«

Ein weiterer Zeuge Kratzmeier vermutet nicht nur Fehlschläge, sondern Hexenwerk. Die Schwester des Zeugen hätte so große Schmerzen an den Füßen, daß sie nicht mehr gehen könne. Daran sei wahrscheinlich Benedikt Keller Schuld. »Er, der Zeuge, habe einen medicum von Nördlingen gebraucht, welcher gemelt, sey eine Erkältung, so nichts ausgericht und den Scharfrichter zu Lauingen Raths gepflogen. Der habe gesagt, die Krankheit komme von Hexenvergiftungen her, ein Trunk geordnet, so sie [die Schwester] eingenommen und ein greuliche Materie, gehl grün und schwarz gewesen, von ihr geschossen, woraufhin sich die Schmerzen in etwas gelindert.«

*Merkmale wie häßlich,
alt und wunderlich*

1618 sagt die der Hexerei verdächtige 70jährige Anna Widmann aus Hemau aus, »daß die Kinder alle alten Leute Unholden heißen.« Bestätigt wird dieses Urteil durch einen Kommentar der Trierer Prozesse aus der Zeit um 1590: »Man kann die alten weiber und verhaster leut nit balder quidt werden, dan auf sulche weis und manier«. Eine Frau geriet beispielsweise in Freising in Verdacht, da sie »etwas ungestalt

und rufig« war. Sicher hatten alte Menschen, die häufig alleinstehend und verwitwet waren, wenig sozialen und familiären Rückhalt. Fürsprachen und Proteste gab es wohl kaum. War man bereits aufgrund des Alters oder des Aussehens verdächtig, so wirkte sich dies sicher auch auf das Verhalten aus.

Die einen fühlten sich vielleicht stets verdächtigt, übervorsichtig und mißtrauisch. So begann eine Frau aus heiterem Himmel stürmische Verteidigungsmaßnahmen, schließlich sei sie

keine Hexe. Eine Bekannte hatte ihr zuvor erzählt, sie glaube sich verhext, da sie an heftigen Beinschmerzen litt. Obwohl sie dabei keineswegs ihre Gesprächspartnerin verdächtigte, wie sich herausstellte, glaubte die sich jedoch angesprochen.

Die anderen reagierten unter Umständen mit Flüchen und Drohungen. Gerade dies aber galt den Zeitgenossen als prägnantes Kennzeichen der Hexen. Flüche wie »Soll dich der Teufel holen« oder Drohungen dürften im dörflichen Zusammenleben durchaus

*Nicht selten werden alte
Menschen verdächtigt
und verspottet*

*Alte Hexe,
Leopold von Kalckreuth,
Kohlezeichnung, um 1913;
Wien, Albertina*

an der Tagesordnung gewesen sein. Stieß dem Bedrohten allerdings in der Folge irgendein Mißgeschick oder Unglück zu, konnte man schnell als Verdächtiger und Sündenbock identifiziert werden. Spätestens danach verbreiteten sich Gerüchte, und man stand unter genauester Beobachtung durch Nachbarn und Bekannte.

Barbara Pronnenmair –
Hexe, da abstoßend?

Die Schustersgattin Barbara Pronnenmair wurde von zahlreichen Zeugen als äußerst abstoßend beschrieben, von häßlichem Aussehen und mit abscheulichen Manieren sei sie eine wahre Zumutung für ihren Mann und ihre Mitmenschen. In der ganzen Stadt ging deshalb das Gerücht, daß sie eine Unholdin sei. Und tatsächlich hat der Nachbar Melchior Maurer den dringenden Verdacht auf Viehzauber. Die Pronnenmairin sei Schuld am Tod seines Kalbes: »indem sie immerzu Sach bei ihm entlehne und in Kuhstall begehrt, wenn das Vieh darin gewesen, wie dann vor einem Jahr in der Fasten zur nachts ihm im Stall ein Kalb ledig geworden, so er aufn Hof getan, habs gleich nit mehr auf den Füßen stehen wollen, hab ers schlachten lassen müssen, der Metzger gesagt, die Unholdin habe dies Kalb geritten, und weil die Pronnenmairin öfters in sein Stall kommen, habe er den Verdacht auf sie gehabt.« Sie hatte dennoch Glück und entkam dem Scheiterhaufen.

Neid und Mißgunst

Nicht nur körperliche Schwächen und schlechtes Benehmen gaben Anlaß für Verdächtigungen. Ebenso konnte es nicht mit rechten Dingen zugehen, wenn ein anderer offensichtlich unerklärlich vermögend war, zu reiche Ernten einfuhr oder nie vom Unglück heimgesucht wurde. Neid und Mißgunst blieben nicht aus, und so führte auch übermäßig viel Glück zu Argwohn und Gerüchten, da sich keine natürliche Erklärung finden ließ.

Katharina Wasser –
verdächtig wohlhabend?

»Die Katharina Wasser, sagt Peter Paumholzer, sei gehling reich geworden, welches den Leuten gar verdächtig vokommen, zumalen man ihr vor der Zeit nit gern um ein Pfennig Brot geborgt. Ihrem Mann gehe zwar das Wagnerhandwerk ziemlich ab und er sei sehr fleißig, komme nie in kein Wirtshaus. Allein andere Leut arbeiten auch, ebenso viel als dieser Wagner, können aber nit reich werden; sonderlich halt er [der Wagner Wasser] kein Gesellen; die Haushaltung sei schwer und das Holz wirklich teuer.«

Der Birkhuhnwirt Burkard Schwalber, welcher Nachbar der Wassers war, vermag diese Ansicht nur zu bestätigen: »Die Wasserin habe nur vier gemeine schlechte Kühe und buttere oft alle Tag aus und mache soviel Schmalz mehr, als die ganze Nachbarschaft, die über zwölf Kühe habe; zugleich löse sich oft über 60 fl. neus Tuch, so doch der Mairhof kaum solches vermögen sollte, dahero sich die ganze Nachbarschaft verwundere und gänzlich darfür halte, es könne mit dieser Wasserin nit recht zugehen.«

Vom Gerücht zur Anklage

In der dörflichen Gemeinschaft suchte man meist zuerst der verdächtigen Person verbal oder mit Prügeln zu drohen, falls sie den vermeintlich von ihr ausgelösten Zauber nicht zurücknehmen werde. War man sich nicht so ganz sicher, da es vielleicht mehrere in Frage kommende Personen gab, konnte man einen Hexenbanner aufsuchen, der magische Mittel zur Eingrenzung der »Anrüchigen« kannte. Die Reaktion der Verdächtigen wurde natürlich genauestens beobachtet. Hatte man den Schuldigen ausfindig gemacht, teilte der Geschädigte der Gegnerin den Verdacht mit, meist verbunden mit einer Aufforderung zur Verteidigung. Die verdächtige Person antwortete nicht selten mit einer Gegenbeschuldigung oder beteuerte immer wieder ihre Unschuld.

»Sich baden lassen«

Die Beschuldigten boten sich mitunter zur Wasserprobe an oder wurden aufgefordert, »sich baden« zu lassen. Der Glaube war weit verbreitet, daß Hexen ein auffallend leichtes Gewicht haben – sie konnten ja auch fliegen – und daß das reine Element des Wassers das unreine Hexenwesen abstoße: Hexen gingen also nicht unter. Die Wasserprobe war eine Form des archaischen Gottesurteils und beruhte auf der Annahme, daß Gott einen Unschuldigen nicht verläßt. Bestanden die Beschuldigten also die Wasserprobe, konnten sie das Gericht besser von ihrer Unschuld überzeugen. Sie glaubten sicher, daß Gott ihnen beim Beweis ihrer Unschuld helfen werde. Versagten sie allerdings, wurden nicht selten die Gegner beschuldigt, das Scheitern ihrerseits durch Hexerei verursacht zu haben. Diese öffentlichen Verteidigungsmaßnahmen führten darüber hinaus in ungünstiger Weise häufig zu einer weiteren Verdichtung der Gerüchte.

Wie verhält man sich bei der Verdächtigung?

Es war äußerst schwierig, sich in der Situation der Verdächtigung richtig zu verhalten. Mitunter konnte es von Vorteil sein, sich möglichst unauffällig zu einigen oder sich nicht zu verteidigen, in der Hoffnung, die Gerüchte würden irgendwann von selbst einschlafen. Diese Haltung wurde oftmals zu einem späteren Zeitpunkt, vielleicht erst nach 20 bis 40 Jahren, als Eingeständnis der Schuld gewertet und konnte dann doch noch zum Verhängnis werden. Entschloß man sich jedoch, gleich vor Gericht zu gehen und dem Verdacht möglichst öffentlich und entschlossen entgegenzutreten, vermochte man den Gegner damit vielleicht zum Schweigen zu bringen.

Unter Umständen aber sprach sich das Gerücht dann erst recht herum, und es fanden sich noch weitere Ankläger, die bereit waren, ihre Verdächtigungen kundzutun.

Durch einen schmalen Schornstein entschwindet eine junge zierliche Hexe – von einer Eule beäugt – zum Sabbat

Walpurgisnacht,
Ernst Herter, 1906, Bronzereplik der
1904/05 fertiggestellten Marmor-
ausführung; beide Werke verschollen

Stadt und bei zahlreichen Bekannten anzutreffen.

Als Indizien der Hexerei brachte man folgende Verdachtsmomente vor:

❧ Kenntnis und Ausübung von Heil- und Segenssprüchen

Da sie sich mit Zaubersprüchen auskannte, suchten viele Leute aus Wemding und den katholischen und protestantischen Nachbarortschaften ihre Hilfe gegen Krankheiten von Menschen und Tieren, besonders von Kindern. Obwohl sie allgemein im Geschrei einer Hexe stand und, wie die Zeugin Uhl wußte, der Beichtvater ihr das Ansegnen strengstens untersagt hatte, ließ selbige Zeugin ihre vier Kinder dennoch von der Kratzerin gegen die Mundfäule segnen. Die Kratzerin konnte auch die Maria Kemmerling, die am 28. Mai 1630 als Hexe starb, kurieren, indem sie einen Spruch gegen das fliegende Feuer wußte, den die Stieftochter Maria Kemmerling jun. zu Protokoll gibt: »Weich, schlier und schlag; es fuelen 3 Mann vom Himel herab; den Ersten henkht man, den andern ertrenkht man, der Dritte verginge sonst also. Dir, alt Maria Kemerlin, soll es auch also vergangen. Dir sey es zue bueß zelt im Namen Gott deß Vatters, Sohnes und heyligen Geistes. Amen.«

❧ Zauberische Schädigungen

Bereits seit längerer Zeit kursierten Gerüchte, es sei nicht mit rechten Dingen zugegangen, daß der Mann der Kratzerin 1618 infolge eines Sturzes plötzlich verstarb. So will die Dienstmagd Margareta Reis öfters »unter den Leuten gehört haben, die Kratzerin habe selbst gemacht, daß ihr Mann zu Tode gefallen sei und ihn also umgebracht habe.«

Drei Hexen machen sich unter einem Gewölbebogen an einer halbverwesten Leiche zu schaffen

Jacques de Gheyn II., Zeichnung, 1604; Oxford, Ashmolean Museum

Gerüchte gehen der gerichtlichen Klage voraus

Ein gerichtliches Verfahren wurde – neben der Denunziation unter der Folter – meist erst dann eingeleitet, wenn eine ganze Summe von Verdachtsmomenten vorlag, die sich mitunter über viele Jahre hin angesammelt hatten. Vor allem die Zuweisung eines Unglücks konnte die Obrigkeit davon überzeugen, ein formelles juristisches Verfahren einzuleiten. Am Beispiel der Maria Kratzerin aus Wemding ersieht man, welche »Indizien oder Erfahrungen« vorgebracht wurden und einen Hexenprozeß ins Rollen brachten.

Maria Kratzerin – Indizien der Hexerei?

Die 67jährige Witwe Maria Kratzerin, die in bescheidenen, aber nicht armen Verhältnissen von einer kleinen Landwirtschaft lebte, wird von den Zeugen als starkes, gesundes und »allerlustiges« Wesen beschrieben. Als äußerst gesellige Frau war sie oftmals mit ihren »Gespielinnen« plaudernd in der

Schließlich ereignen sich merkwürdige Vorfälle in der Familie des Malers Georg Schabhardt, der sich wiederholt der Hilfe von der Hexerei verdächtigen Personen bediente und sich zugleich entsetzt und verängstigt über das Hexenwesen äußerte. In der Kreuzwoche 1630 erkrankte die 17jährige Tochter Maria, sie stieß um sich und bekam ein Aussehen »als wollte sie gar ausdorren«. Als die Kratzerin in das Haus kam und das Mädchen sah, erklärte sie, das Mädchen müsse ausdorren, da ihr jemand etwas entsprechendes aus einem »Häfele oder einer Pfannen« gegeben habe. Der Maler zieht die logische Schlußfolgerung, die Kratzerin müsse die schuldige Hexe entweder kennen oder es selbst getan haben, denn woher hätte sie es sonst gewußt. Das keineswegs ausgedorrte Mädchen sagte im übrigen kurze Zeit später wohlgemut und gesund vor Gericht gegen die Kratzerin aus.

Am Karfreitag passierte nun ein weiteres Unglück. Eine andere Tochter des Schabhardt kaufte bei der Kratzerin eine Maß Buttermilch für 2 Pfennig. Nachdem die Mutter und die vier Kinder davon gegessen hatten, fühlten sie sich alsbald unwohl. Während des Kirchgangs ging es der Mutter sogar so schlecht, »daß sie nit allein aller erblaicht, sondern unversehener Ding im Gesicht, so groß als ein Kachelofen, stark purgiert. Zuvor seien Mutter und Kinder alle frisch und gesund gewesen und haben wegen dieser Krankheit einig und alleinig der Buttermilch die Schuld gegeben.«

Die Familie gesundete zwar wieder, dennoch wurde diese vermeintliche Schädigung durch die Verdächtige im späteren Prozeßverlauf von den Richtern als besonders schwerwiegend gewertet.

Interessanterweise fällt nun plötzlich dem direkten Nachbarn der Kratzerin, dem Schneider Hans Hegele, ein Vorfall ein, über den er bislang in Ermangelung von Beweisen geschwiegen hatte. Seit zwei Jahren hatte er jedoch den dringenden Verdacht gehegt, die Kratzerin habe seinen Jungen verhext, denn »er habe ein Kind gehabt, ein Büblein, welches zu der Kratzerin täglich kommen und von ihr oft ein Brot und je ein Apfel empfangen, gegessen, unterdessen angefangen zu kauern, am Leib abgenommen, allerausgedorrt und entlich vor zwei Jahren gestorben.«

Drei bäuerlich gekleidete Frauen unterschiedlichen Alters tanzen um einen Kessel, in welchem ein helles Feuer lodert. Eule und Besen weisen die Szene zusätzlich als Hexentanz aus

✣ Die Verdächtige verkehrte mit bereits verurteilten »Hexen«

Wie allgemein in der Stadt bekannt, hatte die Kratzerin einen sehr engen Kontakt zur Apollonia Hainlin und zur Apollonia Besenmairin, die beide am 6. Februar 1630 verbrannt wurden. Des weiteren kannte sie auch die Agnes Schneidin, die Großmutter des bereits erwähnten Jörg Löfflad, recht gut, die am 17. August 1629 den Flammen übergeben wurde. Fast täglich sah

*Hexentanz,
Hans Thoma, Zeichnung, 1870;
Wien, Albertina*

man sie mit der Magdalena Mack zusammen, die am 6. Februar 1630 hingerichtet wurde. Beide Frauen standen meist alleine beieinander und vergossen während ihrer auffällig stillen Unterhaltung mitunter auch Tränen. Sobald eine dritte Person hinzukam, wechselten sie angeblich plötzlich das Gesprächsthema.

❦ Das auffällige und veränderte Verhalten der Verdächtigen

Seit Beginn der Hexenbrände in Wemding habe sich das Verhalten der Verdächtigen merklich verändert, was einige Zeugen als verdächtig werteten. So zeige sie deutliche Anzeichen von Angst, erbleiche richtiggehend und ändere sogar ihren eingeschlagenen Weg, wenn sie einen der Amtsknechte oder Schergen sehe. Außerdem zeigten sogar schon die Kinder mit dem Finger auf sie und verspotteten die alte Frau. Ganz allgemein konnte man feststellen, daß die Verdächtige überhaupt nicht mehr so heiteren Gemüts war wie ehedem, sondern ein auffällig bedrücktes Benehmen aufwies. Wie der Zeuge Koller, dessen Frau wenig später ebenfalls als Hexe sterben sollte, als besonders belastendes Indiz bemerkte, habe die Kratzerin bei der Hinrichtung ihrer Freundin Magdalena Mack den »ganzen Tag in bitterlichster Weise geweint«.

Diese »Beweise« reichten schließlich aus, um Maria Kratzerin am 20. November 1630 gefangenzunehmen und nach entsprechender Befragung und Folteranwendung am 10. März 1631 den reinigenden Flammen zu überlassen.

Bis zum Ende des 15. Jahrhunderts oblag die Führung der Hexenprozesse vor allem den geistlichen Richtern, besonders den Inquisitoren. Da die Inquisition um 1520 ihre Tätigkeit in Deutschland und Frankreich einstellte, übernahm nunmehr die weltliche Gerichtsbarkeit die Verhandlung zauberischer Delikte. Das Verbrechen der Hexerei umfaßte zugleich den Abfall von Gott wie auch weltliche Schäden und war damit ein *crimen mixtum*. Grundsätzlich bestand die Möglichkeit der Doppelbestrafung in Form kirchlicher Bußen und weltlicher Strafmaßnahmen.

Die Theologie sei die Herrin, die Jurisprudenz die Magd

Um ein entschiedenes gemeinsames Vorgehen von Kirche und Staat zu erreichen, mußten die weltlichen Richter und Obrigkeiten davon überzeugt werden, daß die Zauberei nicht nur die göttliche Ordnung, sondern auch die weltliche bedrohe. Das Vokabular der weltlichen Strafgesetzgebung gegen die Hexerei bestand deshalb häufig aus einer Vermischung von Religiösem und Juristischem. Da die Gefahr, der Kirche und Staat durch die Hexensekte ausgesetzt seien, derart bedrohliche Ausmaße angenommen habe, mußte die Justiz in dem Bewußtsein einer göttlichen Mission rasch und erbarmungslos vorgehen. Unabdingbar im Kampf gegen die Hexen und Zauberer war zudem die Unterstützung durch die jeweiligen Landesherren, deren Pflicht vor Gott es war, das Seelenheil ihrer Untertanen vor Schaden zu bewahren. Nicht selten untersagten weltliche Fürsten und städtische Magistrate ihre Mithilfe und Unterstützung und riskierten damit, von radikalen

Verfolgungsbefürwortern als gewissenlos angegriffen zu werden.

Veränderungen des Strafprozeßrechts

Zwischen dem 13. und 16. Jahrhundert erfolgten grundlegende Änderungen im Strafprozeßrecht. Vor dem 13. Jahrhundert galt das Akkusationsverfahren, bei welchem eine Privatperson vor Gericht als Ankläger auftrat. Einleitung und Durchführung des Prozesses waren dem Privatkläger in Anwesenheit eines Richters überlassen. Konnte der Ankläger die Schuld seines Gegners beweisen, so entschied der Richter gegen den Angeklagten. Vermochte der Kläger die Schuld jedoch nicht hinreichend zu beweisen, überließ man die Entscheidung dem göttlichen

Die juristischen Grundlagen

Instructionen über den Hexenproceß

Urteil. Man führte ein Gottesurteil durch oder einen Zweikampf. Konnte der Angeklagte sogar seine Unschuld beweisen, sah sich der Ankläger seinerseits einem Strafverfahren ausgesetzt. Da dieses Risiko einer Gegenanklage sehr hoch war, ging man es nur ungern ein. Es kam damit nur zu relativ wenigen Prozessen. Für das Delikt der Hexerei war dieses Verfahren absolut untauglich, da niemand das Verbrechen sicher nachweisen konnte. Nur selten leitete jemand ein Verfahren wegen Schadenzauber ein, da die Anklage oft unhaltbar war und das Risiko bestand, stattdessen selbst bestraft zu werden.

Einführung des Inquisitionsverfahrens

Seit Beginn des 13. Jahrhunderts bildeten die kirchlichen und weltlichen Gerichte in allen kontinentalen Län-

Gründtlicher warhaff-

tiger Bericht/was sich am tag Klungun-
dis den 3. Martÿ/zwischen etlichen Dienstmägden
auffm Feldt/nicht weit von dem Dorff Poppen-
reuth/eine kleine Meyl wegs von der Stad Nürenberg gelegen/Für eine Wunderliche Erschröckliche Geschicht/verloffen vnnd zugetragen. Mit
angehengter Warnung vnnd Vermanung/Das
sich menniglich vor dergleichen leichtfertig-
keit/verachtung GOTTES Worts/
vnnd der Heiligen Sacramen-
ten/fleissig hüten wolle.

Erstlich zu Nürenberg durch Valentin
Geyslern gedruckt. !..

Der Teufel flüstert drei Mägden die Schändung der Hostie ein, Nürnberger Flugblatt von 1567; München, Graphische Sammlung

dern neue Formen des Strafprozesses aus, die im 16. Jahrhundert allgemeine Gültigkeit besaßen. Dieses meist als inquisitorisches Strafverfahren bezeichnete Vorgehen gestattete auch weiterhin private Anzeigen. Allerdings übernahm der private Kläger keine Verantwortung mehr für die Prozeßführung. Jeder konnte ohne Risiko einen Verdächtigen bei den Justizbehörden melden. Auf diese Weise – auch Denunziationsverfahren genannt – wurden sehr häufig Hexenprozesse eingeleitet.

Eine ebenso wichtige Neuerung bestand in der Tatsache, daß nunmehr jedem Richter und sonstigen Mitglied des Gerichtes erlaubt war, einen Prozeß zu eröffnen – allein aufgrund irgendwelcher Informationen und Gerüchte, die man in Erfahrung gebracht hatte. Ein privater Ankläger oder Geschädigter mußte nicht mehr vorhanden sein. Diese Nachforschungen und Prozeßeröffnungen von Amts wegen wurden zusätzlich gefördert, indem das Volk sowohl von weltlicher als auch von geistlicher Seite zur Denunziation aufgerufen wurde. Die Meldung Verdächtiger bei den Behörden entwickelte sich für jedermann zur Staats- und Christenpflicht. Die Anzahl der Strafverfahren erhöhte sich beträchtlich. Der Denunziation aus persönlichen, politischen oder einfach willkürlichen Gründen waren Tür und Tor geöffnet. Allmählich spielte die Glaubwürdigkeit des Klägers kaum mehr eine Rolle, obschon Praetorius rein theoretisch forderte: »Ist der Kläger Ehrloß/Kindisch/Närrisch/ oder Feind/so ist die Klage an jhr selbst nichtig.«

Die Prozeßführung lag nun ausschließlich bei den Richtern und ihren Beisitzern, diese agierten in Personal-

union als Ankläger, untersuchten den Fall, entschieden über Schuld oder Unschuld und setzten das Strafmaß fest. Gerade bei der Eröffnung von Hexenprozessen erwies sich die Denunziation und die Verfolgung von Amts wegen als effektiv.

Da man in den neuen Strafprozeßverfahren nicht mehr auf Gottesurteile baute, sondern auf rational schlüssige Schuldbeweise, benötigte man als Tatnachweis entweder die Aussagen zweier Augenzeugen oder das Geständnis des Angeklagten. Nun war es äußerst schwierig, bei den Verbrechen der Hexerei Augenzeugen zu finden. Jeder Augenzeuge eines Hexensabbats zum Beispiel hätte sich ja schließlich selbst als Komplize entlarvt. Man war damit ausschließlich auf ein Geständnis angewiesen.

Durch Folter werden
Geständnisse erzwungen

Da die gewünschten Geständnisse nicht immer ohne weiteres zu erreichen waren, erhielten die Gerichte nach und nach das Recht, die Folter anzuwenden. Unter der Folter, die allmählich in Härtegrad und Dauer gesteigert wurde, ließen sich fast immer die erhofften Geständnisse und darüber hinaus die Namen der angeblichen Komplizen erpressen. Jeder Prozeß zog damit normalerweise zahlreiche weitere Verfahren nach sich, die oft erst dann eingestellt wurden, wenn höhergestellte Personen und zunehmend männliche Verdächtige involviert wurden. Ein Ende der intensiven Hexenverfolgungen war erst in Sicht, als Humanität und Vernunft in den Reihen der Richter, Magistrate und Theologen siegten. Man erkannte, daß unschuldige Menschen auf den

Scheiterhaufen verbrannt wurden und leitete in der Folge wiederum wichtige juristische Reformen ein.

Hexenordnungen und -mandate

Seit den 30er Jahren des 16. Jahrhunderts kam es zu einer wahren Flut juristischer Bestimmungen und landesherrlicher Gesetzgebungen. Die beiden großen Rechtsordnungen, die *Constitutio Criminalis Bambergensis* und die *Constitutio Criminalis Carolina* Karls V., schränkten die Anwendung der Folter durch die Ausbildung einer Indizienlehre ein. Fast alle deutschen Landesgesetze verschärften allerdings im Laufe des 16. Jahrhunderts diese Bestimmungen, so daß das Delikt der Hexerei allgemein als *crimen exceptum* gehandhabt wurde. Damit waren Ausnahmen von den sonst üblichen Kriterien für die Folteranwendung, die Zulassung der Zeugen und so weiter erlaubt. Die Hexenprozesse sollten in Form eines Inquisitionsprozesses fortan ausschließlich vor weltlichen Richtern verhandelt und – sofern jemand durch Hexerei zu Schaden kam – mit dem Feuertod bestraft werden.

Lediglich die *Constitutiones saxonicae* für Kursachsen bestraften sämtliche Formen der Hexerei und Volksmagie, gleichgültig ob ein Schaden verursacht wurde oder nicht, mit dem Feuertod. Eine »Begnadigung« zur Schwertstrafe erfolgte nur, wenn kein Teufelsbündnis nachgewiesen werden konnte. Im Laufe des 17. Jahrhunderts übernahmen weitere regionale Hexenordnungen und -mandate derartige Verschärfungen.

Mit dem Feuer vom Leben zum Tode zu richten

Im beginnenden 17. Jahrhundert erschienen beispielsweise im Fürstbistum Würzburg, in Kurköln und im Herzogtum Bayern spezielle Bestimmungen und Satzungen. So erließ Herzog Maximilian I. von Bayern unter anderem am 12. Februar 1611 das »*Landgebot gegen Aberglauben, Zauberei und Hexerei*«. Der Herzog, der bereits als 17jähriger während seiner Ingolstädter Studienjahre an Hexenprozessen teilgenommen hatte und von der Wirkung böser Mächte derart überzeugt war, daß er seine erste Frau, die ihm keine Nachkommen gebar, einem erfolglosen Exorzismus aussetzte, leitete in Bayern eine Zeit intensiver Hexenjagden ein.

In seiner letzten Bestimmung, der »*General- und Spezialinstruction über den Hexenproceß*« von 1622, forderte Maximilian I. seine Untertanen zur Anzeige jeglichen Hexereiverdachts auf. Bereits ein einmaliges Geständnis genügte - auch bei einem Widerruf nach der Folter - für die Todesstrafe »denn sonst würde man in diesen Sachen nie zu einem Ende kommen«. Als Beweise sollten auch das Auffinden eines Teufelsmals oder eines schriftlichen Teufelspaktes ausreichen. Zusätzlich mußten alle vermeintlich begange-

> ### Straff der Zauberey
> Item so yemant den leuten durch zauberei schaden oder nachteil zufügt, sol man straffen vom leben zum tod, und man sol söliche straff gleich der ketzerei mit dem fewer thun. Wo aber yemant zauberei gebraucht und domit niemant keinen schaden gethan hette, sol sunst gestrafft werden.
> *Constitutio Criminalis Bambergensis*

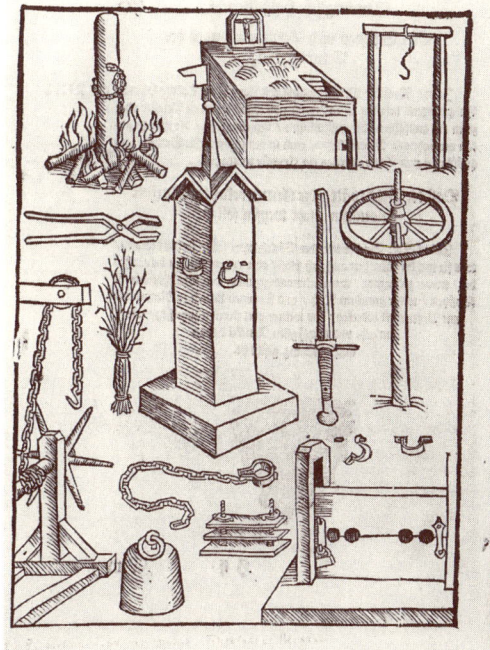

*Die Bambergische
Peinliche Halßgerichts-
Ordnung veranschaulicht
die zeitgenössischen
Folterwerkzeuge und
Hinrichtungsarten*

In seinem Landgebot, welches 1665 und 1746 bestätigt und erneuert wurde, legte Maximilian I. als »Straffen wider die abschewliche verbündnuß und gemeinschaft mit dem bösen Feindt Zauberey Hexerey und Aberglauben« fest:

lebendiges Verbrennen	bei direkter Anrufung und Anbetung des Teufels
Verbrennen mit vorheriger Enthauptung	bei indirekter Anrufung des Teufels
Folter, Verbrennen, Güterkonfiskation	bei Teufelspakt
Zwicken mit glühenden Zangen, Verbrennen	bei zusätzlichem Schadenzauber

nen Taten der Verurteilten vor deren Hinrichtung laut vor dem versammelten Volk vorgelesen werden. Dies trug nicht unerheblich zur Verbreitung des Hexenwahns und zur Steigerung der allgemeinen Hysterie bei.

*Constitutio Criminalis Bambergensis,
Bamberg 1580; Karlsruhe, Badische
Landesbibliothek, Sign. 70 B 148 RH*

Kam dem Gericht eine aus-reichende Anzahl von Indizien über einen Verdächtigen zu Ohren, erfolg-ten Meldungen aus der Bevölkerung oder wurde jemand von einer bereits verhafteten Person als Komplize genannt, so sammelte man zunächst einmal Zeugenaussagen. Im Verlaufe dieses Vorverfahrens entschieden die Richter, ob ein Prozeß zu eröffnen sei oder nicht. Fiel die Entscheidung posi-tiv aus, wurde die verdächtige Person gefänglich eingezogen.

Nicht selten entzogen sich Ver-dächtige ihrer bevorstehenden Inhaf-tierung durch Selbstmord, ein für die damalige Zeit eindeutiges Schuldein-geständnis. Aus diesem Grunde nah-men die Wächter dem Inhaftierten un-

sahen sich die Gefangenen zudem manch einem sadistischen Wärter aus-gesetzt, der für zusätzliche Qualen und sexuelle Übergriffe sorgte. Häufig wurden die Inhaftierten in Ketten und Eisen gelegt oder angebunden, so daß sie sich nicht bewegen konnten. Be-sonders verbreitet waren Hölzer mit Löchern, in welche die Arme und Beine der Gefangenen gelegt wurden. So lagen oder saßen die Gepeinigten eine mehr oder weniger lange Haftzeit im sogenannten Stock. Wiederholt fand man Gefangene am Morgen mit gebrochenem Genick in ihrer Zelle vor. Selbstverständlich war dies offen-sichtlich ein Werk des Teufels, der sei-nen Verbündeten somit erfolgreich vor einem Geständnis errettete.

Relativ vielen Inhaftierten gelang dennoch die Flucht. Diese endete jedoch beinahe immer mit einer erneu-ten Verhaftung und galt bereits als dringendes Schuldeingeständnis. Manch einer legte bereits aufgrund der zermürbenden Haftbedingungen frei-willig ein Geständnis ab, um nur ja nicht erneut in den Kerker gebracht zu werden.

Die Kerkerhaft und die gütliche Befragung

… und sie hernach, wenn sie loskämen, ihr Lebtag Krüppel seyn müssen

verzüglich »hosen, bendel, harschnur« und alles, was sich dafür eignete, die Haft durch Herbeiführung des eigenen Todes frühzeitig zu beenden, ab.

Die Kerker befanden sich im Turm einer Burg, eines Klosters, Schlosses oder einer Stadtmauer. Diese häufig als Hexentürme bezeichneten Verliese wirkten allein schon gesundheitsschä-digend, da sie teilweise kein einziges Fenster besaßen und daher stockfinster waren, zudem feucht, kalt und schmut-zig. Auch unterirdische Löcher be-nutzte man als Gefängnisse, in denen es sicher vor Ungeziefer und Ratten wimmelte. Erschütternde zeitgenössi-sche Berichte sprechen von erfrorenen Gliedmaßen, von Körpern, die von Ratten und Mardern angefressen wa-ren, von Hunger, Schlaflosigkeit und immerwährender Angst. Schutzlos

Immer mehr Indizien lassen sich finden

Im Laufe des 16. Jahrhunderts baute der Justizapparat die Indizienlehre im-mer weiter aus. Laut der bayerischen Instruktion von 1590 konnten die

*Folterszene,
anonymer Holzschnitt, Anfang 16. Jh.;
Privatsammlung.*

Justizbeamten Zauberer und Hexen daran erkennen, daß sie zum Beispiel Hellseherei, Wetter- und Schadenzauber betrieben, Wunderheilungen vollbrachten oder verdächtige Gegenstände wie Gifte, Salben, Hostien, menschliche Glieder, Wachsfiguren oder Kröten besaßen. Auch ein schlechter Ruf oder ein auffälliger Lebenswandel genügten, um in den Rang von Indizien erhoben zu werden. Ebenso galt dies für Fluchtversuche, Zeugenaussagen oder die Beschuldigung durch andere vermeintliche Hexen. Im Gegensatz zum allgemein üblichen gerichtlichen Vorgehen wurden beim Delikt der Hexerei überall Ausnahmen gemacht. So erkannte man die Aussagen von Kindern gegen ihre Eltern als Beweise an. Als Zeugen ließ man sogar Verbrecher, Geisteskranke und nachweisliche Feinde des Inhaftierten zu. Im Verlaufe des Prozesses von Geisling zu Ende des 17. Jahrhunderts brachte man unter anderem ein 3jähriges Mädchen dazu, die Verdächtigungen zu bestätigen.

Delrio nennt noch 29 Indizien der Hexerei, darunter extreme Religiosität als Zeichen der Heuchelei, häufig wechselnder Wohnsitz, ein Wanken, Zittern oder Erbleichen während der Aussage. Indizien liegen zudem vor, wenn jemand einen Verdächtigen verbirgt oder nicht anzeigt, wenn jemand ein Haus besitzt, in dem ein Malefizium verübt wurde, wenn jemand inten-

In dicken, starken Thürnen, Pforten, Blockhäusern, Gewölben, Kellern, oder sonst tiefen Gruben sind gemeinlich die Gefängnussen. In denselbigen sind entweder große, dicke Hölzer, zwei oder drei über einander, daß sie auf und nieder gehen an einem Pfahl oder Schrauben: durch dieselben sind Löcher gemacht, daß Arme und Beine daran liegen können. Wenn nun Gefangene vorhanden, hebet oder schraubet man die Hölzer auf, die Gefangen müssen auf ein Klotz, Steine oder Erden niedersitzen, die Beine in die untern, die Arme in die obern Löcher legen. Dann lässet man die Hölzer wieder fest auf einander gehen, verschraubt, keilt und verschließet sie auf das härtest, daß die Gefangen weder Bein noch Arme nothdürftig gebrauchen oder regen können. Das heißt, im Stock liegen oder sitzen.
[…] sitzen etliche gefangen in großer Kälte, daß ihnen die Füß erfrieren und abfrieren, und sie hernach, wenn sie loskämen, ihr Lebtage Krüppel seyn müssen. Etliche liegen in stäter Finsternuß … Und weil sie Hände und Füße nicht zusammen bringen und wo nöthig hinlenken können, werden sie von Läusen und Mäusen, Steinhunden und Mardern übel geplaget, gebissen und gefressen.
[…] werden solche Leute, ob sie wohl änfänglich gutes Muths, vernünftig, geduldig und stark gewesen, doch in die Länge schwach, kleinmüthig, verdrossen, ungeduldig, und wo nicht ganz, doch halb thöricht, mißtröstig und verzagt. […] O ihr Richter, was macht ihr doch? Was gedenkt ihr? Meinet ihr nicht, daß ihr schuldig seyd an dem schrecklichen Tod eurer Gefangenen?

Anton Praetorius, Von Zauberey und Zauberern gründtlicher Bericht, 1598

Als Indizien der Hexerei galten unter anderem verdächtige Gegenstände wie Gifte, Salben, menschliche Glieder, Wachsfiguren, Kröten, Hostien, Knochen und dergleichen

siv einen Täter ausfindig zu machen wünscht, da er dann nur von sich selbst ablenken will, oder wenn jemand Wahrsager und Zauberer verteidigt und ihnen mit Rat, Tat oder Geld hilft. Anwälte hielten sich deshalb bei der Verteidigung Angeklagter zurück, um nicht selbst verdächtigt zu werden.

Die gütliche Befragung

Das Hauptverfahren des Prozesses begann üblicherweise mit einer gütlichen Befragung des Angeklagten. Das Ziel aller Anstrengungen bestand im Erreichen eines Geständnisses. Da sich die zur Last gelegten Untaten kaum beweisen ließen, war das Schuldeingeständnis in Form einer freiwilligen Aussage nach den Bestimmungen des Inquisitionsverfahrens die einzige Möglichkeit der eindeutigen Überführung.

Für das Verhör, welches in der Regel ohne Anwendung der Folter begann, standen spezielle Fragenkataloge zur Verfügung. Diese Praxis widersprach eindeutig den Vorschriften der *Constitutio Criminalis Carolina*, die in Kapitel 56 strengstens untersagte, dem Angeklagten die unterstellten Missetaten vorzusagen und Suggestivfragen einfließen zu lassen.

Fragstücke

Die Hexereiverdächtigen konfrontierte man während der Befragung einerseits mit Hexengeständnissen bereits verurteilter Angeklagter, die oftmals klare Hinweise einer Mittäterschaft und genaue Angaben zu Ort, Zeitpunkt und Art des unterstellten Verbrechens enthielten. Ebenso verlas man die bereits eingegangenen belastenden Zeugenaussagen, zu denen der Angeklagte

Stellung beziehen mußte. Nicht selten kam es zu einer Gegenüberstellung mit den Zeugen, welche dem Verdächtigten die Vorwürfe »ins Gesicht« oder »unter die Augen« wiederholten.

Man sammelte die Erkenntnisse, die aus vorangegangenen Prozessen gewonnen wurden, und erstellte schriftliche Fragenkataloge. Oftmals ließ sich das Richterkollegium diese sogenannten Fragstücke auch von anderen Gerichten zuschicken, um die Kataloge noch umfassender gestalten zu können.

Diese vorgegebenen Interrogatien unterteilte man zumeist in einzelne Hauptpunkte, etwa zum Teufelspakt, zum Schadenzauber, zum gotteslästerlichen Verhalten, zum Ausfahren, zum Ausgraben von Kindern, zum Wettermachen, zu den Komplizen, zur Teufelsanbetung, zum Impotenzzauber. Diese einzelnen Fragenkomplexe enthielten wiederum zahlreiche Einzelfragen wie »In was für Gestalt ihr der Teufel erschienen sei? Was er ihr versprochen? Welche Leute und Tiere sie vergiftet habe? Wie oft sie im letzten Jahr gebeichtet habe? Ob sie daran glaube, daß die Hostie während der Wandlung zum wahren Leib Christi wird? Wie oft und mit wem sie ausgefahren sei? Ob es auf dem Sabbat Brot und Saltz gegeben habe? Wohin sie die Kinderleichen aus den Gräbern gebracht habe und wer ihr geholfen habe? Wie oft sie Unzucht mit dem Teufel getrieben habe? Wen sie bei den Hexentänzen gesehen habe?« und so weiter …

Zeigten sich die Befragten verstockt, so breitete man vorsorglich die Folterinstrumente in einem Nebenraum gut sichtbar aus oder ließ einen der Wärter nicht sichtbar, aber deutlich erkennbar laute Schmerzens-

Hexenszene,
Hans Baldung Grien, Handzeichnung,
1514; Paris, Louvre, Cabinet des Dessins

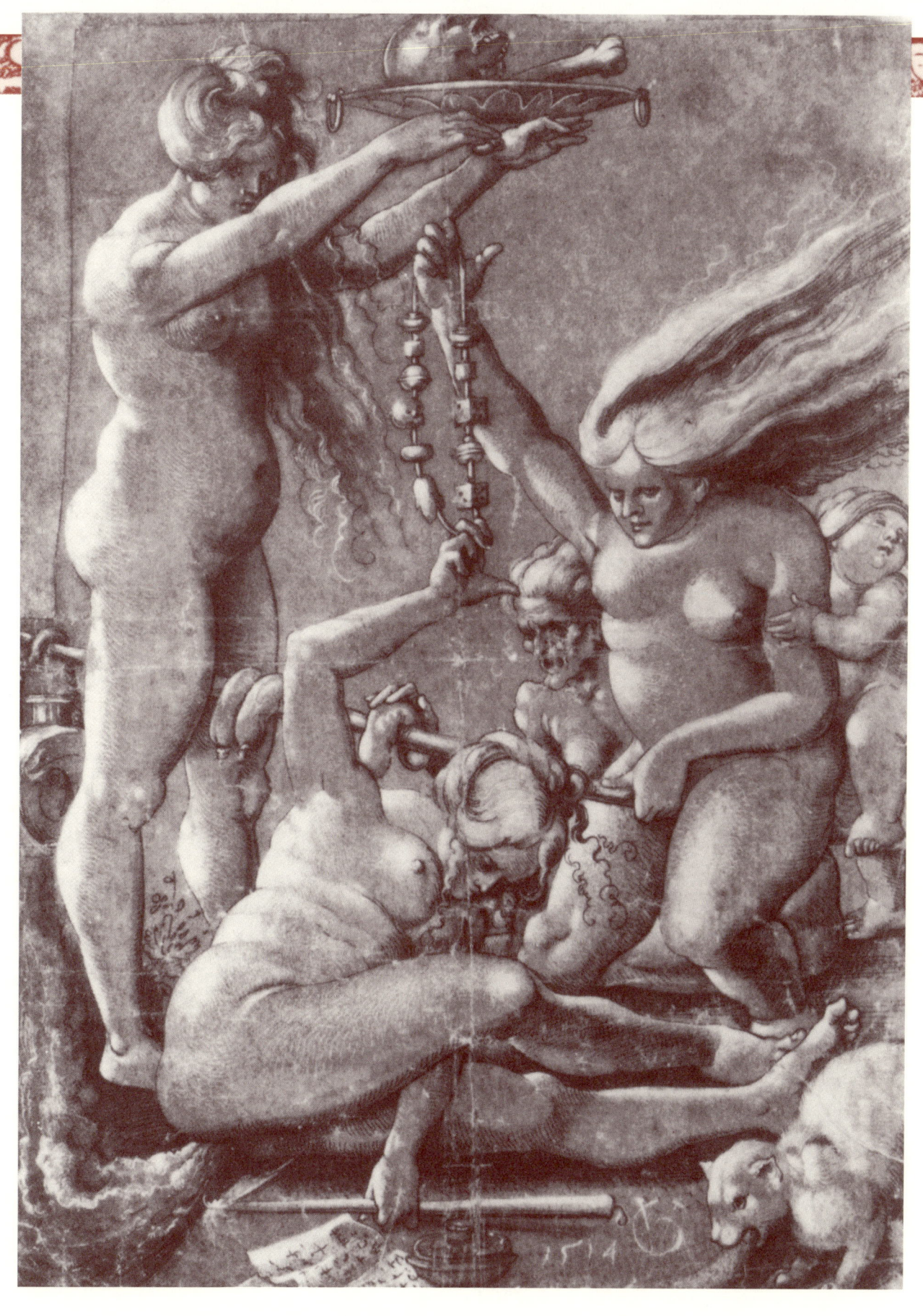

sich ja um ein Ausnahmeverbrechen handle und das Ziel eines Geständnisses alle Mittel erlaube.

Erfolgte aufgrund der gütlichen Befragung noch kein Geständnis, kehrten die Angeklagten ins Gefängnis zurück und wurden meist am folgenden Tag der peinlichen Befragung, das heißt der Folter, unterzogen.

Richterliche Vorsichtsmaßnahmen gegen Verhexung

Da man annahm, daß der Teufel seinen Verbündeten während der Prozesse Beistand leiste, sie zu Lügen anstachle, immun gegen Schmerzen mache und die Sinne der Richter in Verwirrung bringen könne, waren natürlich Vorsichtsmaßnahmen angebracht.

Die Richter und ihre Beisitzer mußten sich besonders vor einer direkten Berührung mit der vermeintlichen Hexe in acht nehmen. Den Empfehlungen des *Hexenhammers* entsprechend, sollte man die Angeklagten rückwärts in den Gerichtssaal führen, um sich vor dem bösen Blick zu schützen. Auch das Einflößen oder Abwaschen mit Weihwasser sowie das Umhängen von Reliquien am Hals der verdächtigen Person wurde empfohlen. Das Gerichtspersonal trug mancherorts darüber hinaus geweihte Kräuter als Schutzmaßnahme vor Verhexungen am Körper.

Vor der geheimnisvollen magischen Hexe mußte sich das Gerichtspersonal besonders schützen

Die Hexe,
Heinrich Vogeler,
Federzeichnung, um 1900;
Privatsammlung

schreie von sich geben. Bereits zu diesem Verfahrenszeitpunkt legten einige Angeklagte aus Angst vor Folterungen oder einer Rückkehr in den Kerker Geständnisse ab. Häufig versprach man den Gefangenen sogar eine Freilassung, falls sie zu einem Geständnis bereit seien. Schon Institoris wies im *Hexenhammer* auf die Rechtmäßigkeit dieser falschen Versprechen hin, da es

Neben den diversen Möglichkeiten, die Hexenbannern und Hexenkundigen zur Verfügung standen, potentielle Hexen als solche zu identifizieren, gab es allgemeine Kennzeichen wie gerötete Triefaugen, rote Haare, einen Buckel und dergleichen, die einen gewissen Hinweis in Richtung Hexerei anzeigten.

Den Gerichten standen darüber hinaus weitere sogenannte Hexenproben zur Verfügung, die allerdings bereits unter den Zeitgenossen umstritten waren.

Die Prob' der Zauberinnen durchs kalte Wasser

Bei der Wasserprobe ging man davon aus, daß Hexen sich durch ein auffallend leichtes Gewicht verrieten – der Teufel galt ja als Geistwesen –, sie gingen folglich also nicht unter. Zudem stoße das reine Element des Wassers die Hexen ab. Diese Probe erinnerte sehr stark an archaische Gottesurteile, besaß in der frühen Neuzeit jedoch den Stellenwert eines Indizes. Es gab zahlreiche Gegenstimmen, die dieses Vorgehen als Aberglauben ablehnten, wie Anton Praetorius, der behauptete: »Heydnisch/ Tyrannisch/Verführerisch und Teufflisch ist solche Wasserprüfe«.

Trotz der verbreiteten Ablehnung wurde die Wasserprobe in der Praxis jedoch häufig angewendet. Im Jahre 1584 beschrieb Adolf Scribonius das genauere Vorgehen: Die Angeklagten wurden »zu mehrer Erforschung der Wahrheit auff das Wasser geworfen, daß man sehen möcht, ob sie undergehen würden oder nicht. Zwar Hände und Füsse waren ihnen hart gebunden, die Kleider abgezogen. Auff folgende Weise aber wards Binden also angeschlagen: Die rechte Hand war an der lincken großen Zehen, und wiederumb die lincke Hand an den rechten grossen Zehen verknüpffet, daß sie sich mit dem ganzen Leibe gar nicht regen konndten.« Insgesamt warf man die vermeintliche Hexe dreimal solchermaßen ins Wasser, oft »im Beywesen etlicher tausent Menschen«. Gemeinsam mit dem Gericht beobachtete die Menge genauestens, ob die verdächtige Person unterging oder obenauf schwamm, »Sey es denn Sach, daß sie oben schwimmt, hat sie Schuld. Geht sie zu Grunde, so findet man an ihr keine Schuld.« Leider endete dieses Verfahren oftmals mit dem Tod, denn entweder erwies sich die Schuld der

Bewährte Hexenproben

… drucket er jhnen ein zeichen an mit den Zähnen oder Hand

Verdächtigen und sie wurde anschliessend verbrannt, oder sie ertrank während der Wasserprobe.

Mit den natürlichen Proportionen ihres Leibes wohl übereinstimmend

Ähnlich der Wasserprobe basierte auch die sogenannte Wiegeprobe auf der Annahme eines unter dem Durchschnitt liegenden Körpergewichts der Hexen, schließlich vermochten sie ja sogar zu fliegen. Dieses Kriterium ließ sich besonders leicht feststellen, indem man die verdächtige Person auf eine Waage stellte. Überregionale Beliebtheit erlangte die Ratswaage der holländischen Stadt Oudewater. Von weither kamen die Leute, die Angst vor einer möglichen Anklage der Hexerei hatten. Einige Wiegezeugnisse sind erhalten geblieben. So wurde einer

Bericht
Von erforschung/prob
vnd erkentnis der Zauberinnen durchs
kalte Wasser/ In welchem Wilhelm Adolph Scri-
bonij meinung wiederleget/ vnd von vrsprung/natur vnd
warheit dieser vnd anderer Purgation gehan-
delt wirdt.

Aller Obrigkeit vnd Regenten nützlich vnd
nötig zu wissen.

Gestelt vnd an tag geben durch Herman-
num Neuwalt der Artzney Doctorn vnd Professorn
in der Julius Vniuersitet. Jetzundt aber auß dem Latein-
schen in Deutsche sprache vbersetzet/ durch M. Heinri-
cum Meybaum in der Julius Vniuersitet Poë-
seos vnd Historiarum Profes-
sorem.

Helmstadt.
Gedruckt durch Jacobum Lucium / Anno 1584.
h.

*Titelblatt eines Buches über die Wasser-
probe, Hermann Neuwalt, Helmstadt,
1584; Privatsammlung*

26jährigen Frau namens Maria Ko-
nings aus dem Münsterland in Westfalen am 7. Januar 1648 das Zertifikat
ausgestellt, daß ihr Gewicht gemäß der
Hexenwaage zu Oudewater mit Länge
und Körperbau übereinstimme. Ein
vereidigter Wiegemeister übernahm
die Prüfung im Beisein eines Stadt-
schreibers und zweier Schöffen, die
bestätigten, daß alles »wahr und wahr-
haftig« zugegangen sei, sowie einer zu-
schauenden Menschenmenge. Zuvor
mußte die städtische Hebamme bzw.
ein Barbier, je nach Geschlecht des zu
Wiegenden, eine Leibesvisitation vornehmen, um unter Amtseid zu bezeu-

gen, daß »keinerlei
Gewichte oder
andere schwere
Gegenstände« am
Körper verborgen
getragen würden.
Die Frage, ob das
jeweils ermittelte
Gewicht tatsäch-
lich angemessen
sei, wurde keines-
wegs anhand ir-
gendwelcher Ta-
bellen festgestellt,
sondern nach Au-
genmaß. Für die
Stadt war diese
Waage sicher ein
einträgliches Ge-
schäft und bewahr-
te vielleicht den
einen oder ande-
ren vor einer He-
xereianklage, da
die Körperpropor-
tionen – schließ-
lich sogar offiziell
beurkundet – in
Ordnung waren.

Der Teufel drückt Zeichen als Siegel auf

Die Nadelprobe basierte auf der aus
Geständnissen gewonnenen Annahme,
daß der Teufel seinen Verbündeten ein
Zeichen auf den Körper drücke. Im
Gegensatz zur Wasserprobe wurde
diese neu entwickelte Methode erst
Ende des 16. Jahrhunderts zu einer an-
erkannten Hexenprobe. Die Theorie
von einem Mal, welches als Siegel des
vollzogenen Paktes vom Teufel auf den
Körper der neuen Hexe gekratzt oder
gedrückt wurde, kursierte bereits seit
längerer Zeit. Aber erst mittels der neu
erfundenen Nadelprobe konnte dieses

Zeichen nachgewiesen werden und somit als Indiz gelten. Jede Art von Hautveränderungen wie Muttermale, Risse, Sprünge, Warzen und Kratzer galten als verdächtig. Den Angeklagten wurden zum Zwecke des besseren Auffindens dieser Teufelsmale sämtliche Körperhaare abrasiert. Gleichzeitig konnten damit auch die in den Haaren verborgen gehaltenen schützenden Amulette des Teufels beseitigt werden. Fanden sich nun verdächtige Male, so stach man mit langen Nadeln in diese hinein. Zeigten die vermeintlichen Hexen keine Schmerzempfindung und floß keinerlei Blut, so war dies ein klares Indiz des Hexereiverbrechens. Fanden sich keinerlei Male, war man deshalb noch lange nicht unschuldig, denn der Teufel drückte nur denjenigen Hexen ein Zeichen auf, die ihm noch nicht voll und ganz ergeben waren. Nicht wenige Barbiere und Bader spezialisierten sich in der Folge auf das »Hexenstechen«.

Weil sie beim Weinen keine Träne im Auge hatte

Des weiteren war Hexen angeblich selbst unter größtem Schmerz die Gnade zu weinen verwehrt. Die Tränenlosigkeit wurde ebenfalls als Indiz gewertet. Häufig finden sich in den Protokollen folgende Anmerkungen: »Wenn ihre Mutter sage, sie sei ein Unhold, so wolle sie halt auch einer sein, und fängt an zu heulen, doch ohne Vergießen von Zähren.« oder »Auch wird hervorgehoben, daß bei der neuerlichen Tortur keine Träne zu bemerken gewesen.«

Ihre theologische Begründung erhielt die Tränenprobe durch die These, daß die Gnade der Tränen bei den

Mit Hilfe der Wiegeprobe wurde festgestellt, ob die Proportionen und das Gewicht des Körpers keinerlei verdächtige Unterschiede aufwiesen

Die Hexenwaage zu Oudewater, 17. Jh.; Privatsammlung

Bußfertigen zu den höchsten Gaben zählt. Die Angeklagten unterstanden während der Befragung und besonders unter der Folter einer genauen Beobachtung, denn eine Hexe werde sicher versuchen, »weinerliche Laute von sich zu geben und Wangen und Augen mit Speichel zu bestreichen, als wenn sie weinte«. Der Richter oder anwesende Geistliche konnte die Tränenprobe auch direkt herbeiführen, indem er die angeklagte Person unter Auflegung der Hand mit Hilfe eines entsprechenden Spruches beschwor.

Tränen galten als Zeichen der Bußfertigkeit, weshalb der Teufel versuchte, die Hexe am Weinen zu hindern

*Die Tränenprobe,
Adolf Oberländer, Zeichnung,
um 1900; Besitz unbekannt*

Ich beschwöre dich bei den bittersten Tränen, die unser Heiland und Herr Jesus Christus am Kreuze zum Heile der Welt vergossen hat, und bei den brennendsten Tränen der glorreichsten Jungfrau, seiner Mutter selbst, die sie über seine Wunden zur Abendstunde hat fließen lassen, und bei allen Tränen, welche hier in der Welt alle Heiligen und Auserwählten Gottes vergossen haben, von deren Augen (Gott) jetzt jede Träne abgewischt hat, daß du, sofern du unschuldig bist, Tränen vergießt; wenn schuldig, keinesfalls. Im Namen des Vaters und des Sohnes und des heiligen Geistes †.　　　Amen.

*Heinrich Institoris,
Hexenhammer Teil 3, 15. Frage*

Ebenso wie auch bei anderen Verbrechen war die Anwendung der Folter an bestimmte Regeln gebunden. So durfte man sie theoretisch nur dann einsetzen, wenn keine anderen Möglichkeiten der Ermittlung der Wahrheit mehr gegeben waren. Allerdings fielen diese von Rechtsgelehrten und Behörden festgelegten Vorschriften regional unterschiedlich aus. Zudem änderten sich die Bestimmungen häufig. Da das Delikt der Hexerei als Ausnahmeverbrechen gewertet wurde, reichten meist bereits einige Verdachtsmomente aus, um die Folter zu gestatten. Einzelpersönlichkeiten wie Richter, Henker und Wächter mit teilweise äußerst sadistischen Zügen übten einen nicht zu unterschätzenden Einfluß auf Ausmaß, Dauer und Grausamkeit der jeweiligen Folterungen aus.

Streckende und
zusammenpressende Torturen

Da die Folter grundsätzlich nicht schon zum Tode führen sollte – dennoch passierte dies nicht selten –, boten sich vor allem diejenigen Methoden der Tortur an, welche die menschlichen Gliedmaßen extrem streckten oder zusammenpreßten.

Häufig begann die sogenannte peinliche Befragung mit dem Anlegen von Daumenschrauben und Beinschrauben, welche als »Spanische Stiefel« bezeichnet wurden. Ebenso schnürte man die Gliedmaßen mit starken Seilen oder Metallschlingen völlig ab. Mitunter setzte man den Angeklagten auch Kopfklammern an, die bei allmählich immer stärkerem Zusammenpressen einen maßlosen Druck auf die Schädelknochen ausübten. Eine Steigerung des Schmerzes erreichte man mit Hilfe des *strappado*. Dieses Folterinstrument sah

Die peinliche Befragung

Du sollst so dünn gefoltert werden,
daß die Sonne durch dich scheint!

aus wie ein Flaschenzug, an welchem die Opfer mit zuvor auf dem Rücken zusammengebundenen Händen hochgezogen wurden. Zeigte sich der Verdächtige immer noch verstockt und beantwortete die gestellten Fragen nicht zur Zufriedenheit der Juristen, band man dem Opfer, welches ohnehin bereits ausgekugelte Gelenke hatte, zusätzlich Gewichte zwischen 40 und 600 Pfund an die Füße. Zeitigte auch dies noch nicht den gewünschten Erfolg, wurden die Gepeinigten ruckartig hochgezogen und wieder fallengelassen. Gleichermaßen schmerzhafte streckende Wirkung konnte auf der Folterbank oder mittels Aufziehen auf einer Leiter erreicht werden.

Alle diese Folterinstrumente boten den Vorteil, daß sie sich allmählich lockern oder verstärken ließen, je nachdem, inwieweit das Opfer zur gewünschten Aussage bereit war.

Juristen, die auf Gewinn aus sind, abergläubische Dorfbewohner und jene Theologen und Prälaten, die sich in heiterer Gelassenheit ihrer Spekulationen erfreuen und nichts vom Schmutz der Kerkerverliese, von der Schwere der Ketten, von der Folter und den Klagen der Armen wissen – alles Dinge, die weit unter ihrer Würde liegen.
Friedrich Spee in seiner Cautio criminalis, Antwort auf die Frage, wer denn unbedingt nach der Folter verlange

*Du sollst so dünn gefoltert werden …,
Ferdinand Piloty, Öl auf Leinwand,
um 1876; Besitz unbekannt*

Durch Folter dauerhafte Schäden

Obwohl die Folter offiziell nicht belie-
big verlängert, wiederholt oder ver-
schärft werden durfte, hielt man sich
in der Praxis oftmals nicht an diese
Grundsätze. So fügte der Scharfrichter
der Anna Spülerin in Ringingen
während der Folter derartige Verletzungen zu, daß ihre sämtlichen Gliedmaßen verstümmelt waren. Durch die
extreme Streckungen rissen selbstverständlich auch zahlreiche Nerven, was
entsprechende Lähmungen zur Folge
hatte. Zusätzlich verlor dieses Folter-
opfer das Augenlicht sowie das Gehör.

Die Birne gegen die Schmerzensschreie

Natürlich erfüllten die Schreie der Gequälten die Folterkeller, wodurch sich
der eine oder andere belästigt fühlte
und womöglich sogar an der Richtig-
keit des Vorgehens zu zweifeln begann.
Deshalb steckte man dem Opfer die
Birne, ein birnenförmiges Eisengestell,
in den Mund, welches so weit ausein-
andergeschraubt werden konnte, daß
es den Mund gänzlich ausfüllte oder
mitunter auch sprengte. Zusätzlich
wurden krampfartige Erstickungs-
anfälle ausgelöst, die mit äußerster
Todesangst verbunden waren.

Bei uns [in Bayern] ist wohl die gelindeste Tortur der Daumenstock, ein Instrument, wodurch der Daumen stark gequetscht wird. Eine andere bilden dünne und fest zusammengedrehte Stricke, womit die Henker den Angeschuldigten die Handgelenke sehr eng zusammenschnüren. Diese Schnürfolter ist mehr als jede andere heutzutage im Gebrauche. Eine dritte besteht darin, daß die Angeklagten, nachdem man ihnen die Hände, manchmal auch zugleich die Füße auf den Rücken gebunden hat, in die Höhe gezogen werden, so daß sie eine Zeitlang in dieser hängenden Stellung erhalten werden. Wenn sich Trotz zeigt und die Indizien zwingender Art sind, hängt man Gewichte an die Füße oder legt solche auf den Rücken. Man gießt auch zur Steigerung des Schmerzes auf den Rücken des Hängenden kaltes Wasser oder es wird nach längerem Aufziehen, wenn die Glieder und Gelenke verrenkt sind, der Strick, an dem der Sünder hängt, oben in Zeitabständen mit einem Stocke erschüttert, damit der Körper dadurch ins Zittern gerät und der Schmerz in allen Teilen und Gliedmaßen gesteigert wird. Es ist auch noch die Rutenfolter üblich, die meines Wissens gegen Zauberer und Hexen, wenn man sie ausgiebig strich, mit glücklichem Erfolge angewendet worden ist. Weil aber manche von den Angeschuldigten, namentlich Zauberer und Hexen ganz ohne Empfindung sind und keinerlei Art von Folter spüren, indem sie das durch Zauberkünste bewirken, oder indem sie Mittel für die Unempfindlichkeit von Andern erhalten haben und bei sich führen, so werden sie, um diesen Zaubereien zu begegnen, hie und da aller ihrer Kleider beraubt und mit andern bedeckt; weil schließlich auch in den Haaren Hexenpulver verborgen sein kann oder irgend etwas unter denselben, so werden die verschiedenen Haare am ganzen Körper abgeschnitten und mit dem Messer abrasiert.
Professor Manzius aus Ingolstadt, ein Zeitgenosse der Wemdinger Prozesse Anfang des 17. Jahrhunderts

Schlafentzug als wirksames Mittel

Peter Binsfeld bezeichnete das *tormentum insomniae*, die erzwungene Schlaflosigkeit, als effektivstes Foltermittel gegen die Hexenkünste. Das Opfer wurde dabei 40 Stunden oder noch länger abwechselnd von den Wärtern, dem Scharfrichter und seinen Gehilfen im Raum auf und ab gejagt. Das diente sicher auch der Gewissenberuhigung mancher Richter, die auf großes Blutvergießen und allzu heftige Schmerzensäußerungen lieber verzichten wollten. Der Schlafentzug galt noch als relativ humanes Vorgehen, da der Körper dabei schließlich nicht verletzt wurde. Die solchermaßen Traktierten waren durch die sicherlich nach bestimmter Zeit einsetzende nervliche Überreizung und einer Art Gehirnwäsche zu jeder Aussage bereit.

Folterverbot bei Schwangeren und Kindern

Nach den gültigen Gesetzen durften schwangere Frauen und Kinder einem peinlichen Verhör nicht unterzogen werden, dennoch setzte man sich meist darüber hinweg.

Im Falle der Margarethe Müller hielt man sich an diese Bestimmungen: Am 20. Oktober 1657 wird bei der wegen Hexerei angeklagten Margarethe Müller in Gerstungen von den Hebammen eine Schwangerschaft festgestellt. Sie befindet sich bereits in Haft. Die peinliche Befragung wird aufgeschoben, das Verfahren ausgesetzt, die Universität Jena ordnet in ihrem Gutachten an, die Angeklagte in Haft zu belassen, so daß sie weder fliehen könne noch einen Schaden erleiden müsse. Am 26. Februar 1658

erblickt eine gesunde Tochter das Licht der Welt beziehungsweise die Gefängnismauern. Nach Einhaltung einer sechswöchigen »Kindbettzeit« wird das Verfahren erneut aufgenommen und endet für die junge Mutter nach mehreren erfolglosen Fluchtversuchen am 30. August 1658 mit der Enthauptung und anschließenden Verbrennung ihres Körpers.

Verbotene Wiederholung als Fortsetzung definiert

Ein Urteil besaß laut Strafprozeßrecht nur dann Gültigkeit, wenn ein Angeklagter ein hinreichendes Geständnis abgelegt hatte und dieses 24 Stunden nach der Folter freiwillig bestätigte und wiederholte. Dies führte zu gewissen Schwierigkeiten, da zahlreiche Opfer widerriefen. Eine Wiederholung der Folter war jedoch nicht gestattet. In der Praxis richtete man die Angeklagten trotz Widerrufs hin, oder es wurde gar keine Möglichkeit zum Widerruf gegeben. Häufiger gestatteten die Richter entgegen des Wiederholungsverbotes weitere Folterungen, die dann einfach als Fortsetzungen bezeichnet wurden.

20 Jahre Kerker und kein Geständnis

Eine besonders willkürliche Vorgehensweise und maßlose Überschreitung des Wiederholungsverbotes zeigt der Fall des Eichstätter Stadtpfarrers Johann Reichardt, der aus Wemding stammte. Von seiner Haushälterin Margareta Hötzlerin und deren Tochter Johanna sowie von sieben weiteren Unholden als *socius criminis* bezeichnet, wurde er zwischen dem 6. September 1624 und dem 8. Oktober 1626 zahlreichen gütlichen und insgesamt min-

> Hier läßt sich kein sicheres und bestimmtes Maß angeben; auch im Rechte ist das nicht deutlich ausgedrückt. Somit scheint die Zeit dem Ermessen des Richters überlassen zu sein. Was das Aufziehen betrifft, so geht die Praxis dahin, daß es manchmal nur geringe Zeit nämlich ein Ave Maria, ein Pater noster oder ein Miserere lang dauert, manchmal die Zeit von 2 Miserere und etwas darüber, manchmal eine, zwei oder drei Viertelstunden, manchmal eine ganze Stunde, je nach der Beschaffenheit der Personen, des Verbrechens und der Indizien. Über eine Stunde darf niemand aufgezogen werden.
> *Professor Manzius aus Ingolstadt, ein Zeitgenosse der Wemdinger Prozesse Anfang des 17. Jahrhunderts*

destens 30 peinlichen Verhören unterzogen. Das Kollegium aus vier geistlichen und sechs weltlichen Richtern vermochte kein Geständnis zu erreichen. Der vermeintliche Hexenmann wurde ausgepeitscht, mit Gewichten aufgezogen und ruckartig auf und ab bewegt sowie auf einer mit Eisenstacheln gespickten Folterbank gestreckt. Doch er beteuerte immer wieder seine Unschuld und beklagte sich, »daß die Herren Commissarii ihre Hände in seinem unschuldigen Blute wüschen«. Um ihm Angst zu machen, führte ihn der Scharfrichter von Zeit zu Zeit in die Folterkammer, ohne zur Tortur zu schreiten. Das Richterkollegium bat vergebens, daß Gott dem armen Sünder seine Gnade mitteile und ihn zum Geständnis bewege. Es half auch nichts, daß die Commissarii während der Auspeitschungen die sieben Bußpsalmen beteten. Dennoch beließ man den Pfarrer 20 Jahre und 2 ½ Monate in Haft, bis zu seinem Tod am 20. November 1644 im Alter von 67 Jahren.

Die Hexenkunst der Verschwiegenheit

Wie man annahm, stand der Teufel den Hexen und Zauberern während des gesamten Verfahrens bei und hatte überall seine Hände mit im Spiel. Bereits der *Hexenhammer* beschreibt ausführlich, daß der Teufel die Angeklagte gegen Schmerz und Pein unempfindlich mache, so »daß sie sich eher gliederweise zerreißen läßt, als etwas von der Wahrheit« auszusagen.

Um dieses sogenannte *maleficium taciturnitatis*, die teuflische Kraft des Schweigens, zu brechen, hatten die Münchner Henker laut Bericht des Hofrats von 1715 eine eigene Foltermethode erfunden: Zuerst wurden die Angeklagten am ganzen Körper rasiert, und anschließend mußten sie, falls nötig unter Gewaltanwendung, den St. Johannissegen zu sich nehmen, bestehend aus Weihwasser, Dreikönigs-, Ignatiuswasser und Terpentinöl. Mindestens 24 Stunden vor Beginn der eigentlichen Folter schlug der Henker die Opfer in einen mit Stacheln besetzten Leibgürtel. Begann schließlich die Tortur, kamen die vermeintlichen Unholde auf den Bock, einen Stuhl mit Eisenstacheln, und wurden mit Spitzruten geschlagen. Wahlweise erhielten die Opfer an drei aufeinanderfolgenden Tagen 20 bis 25 Schläge »uneingeschmiert«, d. h. ohne Salbenanstrich, mit Ruten, die in Weihwasser eingetaucht wurden. Um das Schweigen der Angeklagten endgültig zu brechen, zog der Henker sie mit ausgespannten Armen und zusammengebundenen Beinen hoch und brannte sie unter ständig wechselndem zeitlichen Abstand wiederholt mit Fackeln unter den Achseln.

Die Hexe »schläft«

Häufig berichten die Protokolle vom vermeintlichen »Hexenschlaf«. Fielen die Opfer unter der Folter in Ohnmacht, so interpretierte man diese Tatsache als weitere teuflische Hilfeleistung. Indem der Teufel die Angeklagte in tiefen Schlaf fallen ließ, verhindere er damit ein mögliches Geständnis. Friedrich Spee prangerte unter ande-

Wurde das Opfer unter der Folter ohnmächtig, interpretierte man dies häufig als »Hexenschlaf«

*Hexenschlaf,
Albert von Keller, Gemälde, 1887/88;
Besitz unbekannt*

rem diese Fehlinterpretationen an: »Verdreht die Angeklagte vor Schmerz die Augen, so sagt der Richter – sie schaut nach ihrem Buhlen; starrt sie mit den Augen – sie hat ihn gesehen; verstellen sich vor Schmerz ihre Gebärden – sie lachet auf der Folter; fällt sie in Ohnmacht – sie schläft.«

Die Henkerskünste

Einzelne Persönlichkeiten taten sich bei der Durchführung von Hexenprozessen besonders hervor. Manch ein Henker spezialisierte sich auf das Erkennen von Hexenmalen und reiste als »Hexenfinder« oder Hexenrichter durch die Lande. Allerdings waren diese wandernden Experten stets auf die Unterstützung oder zumindest die Duldung der jeweiligen Landesherrschaft angewiesen.

Jörg Abriel – ein Meister seines Faches

Einer der angesehensten und qualifiziertesten Scharfrichter im Herzogtum Bayern scheint Jörg Abriel gewesen zu sein. Reich geworden durch das Aufspüren von Hexenmalen reiste der Henker von Schongau in allem Pomp mit drei Pferden und in Begleitung seiner Frau und zweier Geleitsboten umher. Im Jahre 1589 begann Meister Abriel während der großen Schongauer Prozesse mit 63 Opfern sich einen Namen zu machen. Unter anderem waltete er seines Amtes in München und Ingolstadt. Allein in Freising konnte er 1590 einen »Erfolg« von über 20 Hinrichtungen verbuchen. Erst einige Gutachten der Ingolstädter Universität, die das willkürliche Verfahren des Meisters Abriel brandmarkten, verwiesen den Scharfrichter wieder etwas in seine Schranken.

Damit aber diser grausamer Actus desto stattlicher ins werck gesetzt und vollbracht mög werden, so müssen viel blutdürstigen Henckersbuben, welche durch besondere dazu bereitete Tränck, welche sie den armen beschüldigten mit gewalt eingiessen, dadurch sie entweder gar voll, oder aber gar thumm und unvernünfftig gemacht, und zu solcher bekanntnuß, daß sie auch unmögliche ding aussagen, getrieben werden. Wie kan oder mag aber von einem Menschen, dessen Sinn und gemüt und verstandt, durch solche zugerichte und eingegossene tränck mit gewalt zerüttet und unvernünfftig gemacht, die warheit in solchen hohen Criminal sachen, da man glauben drauf geben solte, beybracht oder recht erkündiget werden?
Johann Weyer,
Verfolgungsgegner, 1586

Friedrich Stigler – ein Pechvogel

Nicht so viel Glück war dem ehemaligen Gehilfen des Eichstätter Scharfrichters beschieden. Friedrich Stigler, der einschlägige Erfahrungen unter Anleitung seines Meisters bei den Prozessen in Abensberg gesammelt hatte, versuchte 1590 vergeblich in der Reichsstadt Nürnberg Fuß zu fassen. Natürlich auf das Erkennen von Hexenmalen bestens geschult, bot er allerlei Mittel gegen Hexen an und vermochte selbst den Teufel zu bannen. Sein Auftreten sorgte für reichlich Unruhe in der Bevölkerung. Zu seinem Pech sah die Obrigkeit der Stadt einen Unruhestifter und Aufrührer in ihm und wollte kein Übergreifen des

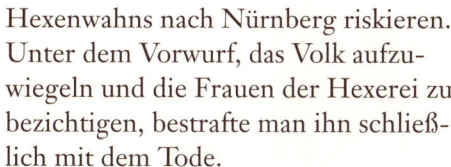

Hexenwahns nach Nürnberg riskieren. Unter dem Vorwurf, das Volk aufzuwiegeln und die Frauen der Hexerei zu bezichtigen, bestrafte man ihn schließlich mit dem Tode.

Henkertränke und Hexenbann

Mitunter verfügten Henker offensichtlich über Rezepte geheimer Tränke und Mittel, die wie eine Art »Wahrheitsdroge« die Sinne der Angeklagten verwirrten und diese zum Reden brachten. Am Abend vor der Tortur eingeflößt, erwies sich die Maßnahme als besonders wirkungsvoll, »davon sie gleichsam als im Kopf verwirrt werden, seltsame Reden führen und dadurch sich noch verdächtiger machen, als wenn sie gar vom bösen Feind besessen wären«. So berichtet Martin Delrio, daß ein Angeklagter in Westfalen selbst nach 20facher Folter kein Geständnis ablegen wollte, dies jedoch unverzüglich tat, nachdem der Henker ihm ein berauschendes Getränk verabreicht hatte.

Eine besondere Spezialität hatte der Münchner Scharfrichter im Angebot. Er verfügte über einen außergewöhnlichen Hexenbann, der die Münchner Hexen bei ihren luftigen nächtlichen Ausflügen zum Absturz zwang und ans Sendlinger Tor stoßen ließ, so daß man an der dortigen Stadtmauer sogar einen deutlichen schwarzen Fleck erkennen konnte.

Das Ziel heiligt die Mittel – das Geständnis

Entsprechend der stereotyp gestellten Fragen fielen auch die Geständnisse nicht sehr unterschiedlich aus. Die Tortur wurde im Normalfall erst dann eingestellt, wenn die gewünschten Aussagen und Eingeständnisse bezüglich Hexensabbat, Teufelspakt, Schadenzauber, Hexenflug und Teufelsbuhlschaft erbracht waren. Die Urgichten, die schriftlich abgefaßten Geständnisse, welche vor den Hinrichtungen öffentlich verlesen wurden, glichen sich deshalb weitgehend. Erst als das Geständnis im Strafprozeßrecht durch den Zeugen- und Indizienbeweis ersetzt wurde, verzichtete man allmählich auf die Anwendung der Folter.

Falsche Versprechungen

Nach allgemeiner Auffassung heiligte das Geständnis bei solch einem schweren Verbrechen jedes Mittel, und natürlich auch jeden Verfahrensmangel. Nicht selten versprach man deshalb den Angeklagten die Freilassung oder die Erlangung des Seelenheiles im Falle eines geständigen Verhaltens. Deshalb glaubten die Richter natürlich auch, daß falsche Behauptungen, etwa dieser oder jener Bekannte oder Verwandte hätte belastende Aussagen gemacht, nötig seien, um den Angeklagten in die Enge zu treiben.

In einem Hui zum Unhold geworden

So erklärte man beispielsweise der 20jährigen Agnes Klostermüller nach vergeblichen Versuchen, sie geständig zu stimmen, ihre eigene Mutter hätte sie angeblich denunziert. Diese habe

Den 11 Augustii A[nn]o [1]600 Ist durch Herrn Rentmaister und Herrn Dr. Wagnereckh die im Falckhenturm befenckhnuste Agnes, des Clostermüllers von Detenwang Tochter beziner Hexerey halber guet- und Peinlich besprächt worden.
Sagt erstlich Sy sey Ires alters 20 Jar.
Wiewol man sage, sonderlich die Pappenhamer, Sy solen Unholden sein, so thue man Inen doch Unrecht, es werde sich auch nimmermehr auf Sy befinden.
Nota: Als Herr Dr. Wagnereckh Lateinische Psalmen oder Verß uber sie gesprochen und den Namen Ihesu etlich malen genent, Sagt sie, sy mög diesen Jesum nit, sunder well den haben, der si erschaffen und für sie am stamen des heiligen Creizes gelitten.
Verhör der Agnes Klostermüllerin im Verlauf des Pappenheimer Prozesses, München 1600

Eine ältere Hexe reibt ihre junge Adeptin mit einer wohl aus halluzinogenen Pflanzen hergestellten Salbe ein und bereitet sie so auf den Flug vor

Vorbereitung zum Flug auf den Hexentanzplatz, Maleuvre, Kupferstich nach David Teniers d. J., 1612; Paris, Bibliothèque nationale, Cabinet des estampes, Ef 52a, in-folio

zudem eingestanden, daß sie ihre Tochter Agnes im Alter von 12 Jahren dem Teufel verschrieben habe. Dies schockiert und verunsichert die junge Frau derart, daß sie alles »gesteht«, was auch immer die Richter ihr in den Mund legen. Nachdem sie in den vorangegangenen Verhören beharrlich darauf bestand unschuldig zu sein, erklärt sie nun am 20. November 1600 auf die Frage, in welcher Gestalt und wann der Teufel zu ihr gekommen sei: »Bei der Nacht. Er hat ein schönes schwarzes Bauernkleid angehabt und gesagt, er sei der Teufel. Er hat mich mit meinem Namen Agnes angesprochen und gesagt, Agnes, sollst ein Unhold sein. Darauf bin ich in einem Hui ein Unhold geworden.«

Die Besagung

Das Geständnis allein stellte die meisten Richter allerdings noch nicht zufrieden. Zahlreiche Anweisungen betonen, daß während der Folter mit Eindringlichkeit nach möglichen Komplizen gefragt werden solle. Nicht selten wurden die Torturen selbst noch nach bereits erfolgtem Geständnis fortgesetzt, um weitere sogenannte Besagungen, also Namensnennungen, zu erhalten. Man horchte die Angeklagten nachdrücklich aus, bis diese bereit waren, die Gespielen auf dem Hexentanz anzugeben. Außerdem konnte man während der peinlichen Befragung in Erfahrung bringen, mit wem die Hexen dort getanzt hätten, welche Musiker aufspielten, mit wem sie zum Tanzplatz geflogen seien und wen sie unterwegs getroffen hätten. Neben dem Gerücht galt die Besagung als wichtigstes und eindeutigstes Indiz für die Zugehörigkeit zur Hexengesellschaft. Nur ab und an gelang es einigen Opfern tatsächlich, keine Namen zu nennen, indem sie trotz schwerer Folter darauf bestanden, daß es beim Hexensabbat und beim Flug dorthin zu dunkel gewesen sei, um etwas erkennen zu können. Weiterhin sagten sie aus, die Teilnehmer seien vermummt gewesen, und es hätten sich

unter den Anwesenden keinerlei Bekannte befunden. Häufig wurden dann auch Personen besagt, die schon verstorben oder abgeurteilt waren.

Prozeßketten entwickeln sich

Im Normalfall jedoch erhielten die Richter aufgrund entsprechend harter Folter oder auch aus Rachsucht und persönlichen Motiven heraus ausreichende Auskünfte über weitere Namen. Auf diese Art und Weise zog beinahe jeder Prozeß mindestens einen, meist jedoch eine ganze Kette neuer Prozesse nach sich. Die ausgedehnten Hexenverfolgungen der frühen Neuzeit gehen auf eben diesen Mechanismus zurück. Begann die Prozeßkette

häufig mit einer im Gerücht stehenden Frau, so gerieten durch fortgesetzte Besagungen zunehmend auch Männer sowie Personen aus der gesellschaftlichen Oberschicht in den Strudel der Prozesse. Mitunter konnten diese sich aber einer Verurteilung entziehen, da sie über einen »lebensrettenden« guten Leumund verfügten und ihr Rang berücksichtigt wurde. Opfer von Denunziationen wurden dennoch beispielsweise der ehemalige Hexenrichter Dr. Flade aus Trier sowie der Bürgermeister von Bamberg, Johannes Junius. In letzterem Fall spielten allerdings darüber hinaus politische Motive eine Rolle. Hexenbrände ermöglichten es schließlich durchaus, politische Gegner auf legale Weise zu beseitigen.

Hexen haben sich unter einer alten Eiche versammelt, um Schadenzauber zu verüben und hierfür geeignete giftige Tränke herzustellen. Die zahlreichen Reptilien, Katzen und Ziegenböcke symbolisieren die dämonischen Helfer

Hexensabbath,
Jacques de Gheyn, Feder in braun und grau laviert, auf gelblich grauem Papier, um 1605; Stuttgart, Staatsgalerie, Inv.-Nr. C 1095

Ein zentrales Thema in
der Kunst der frühen
Neuzeit: Die junge Frau
in der Blüte ihrer Jugend
ist dennoch dem Tode
geweiht

Der Tod und das Mädchen,
Hans Baldung Grien, Feder, weiß
gehöht, braun grundiertes Papier.
Eigenhändig bezeichnet und datiert:
HBG 1515; Berlin, Kupferstichkabinett
(Koch 67)

Bereits seit längerer Zeit gingen zahlreiche Leute aus Geisling und Umgebung im Hause des Johann Gruber ein und aus. Seiner 12jährigen Tochter Katharina erschien nämlich im Dunkel der Nacht ein Geist, die sogenannte »fromme Seel«, die durch Klopfgeräusche Fragen beantwortete. Als der Rummel immer weitere Kreise zog, entsandte man einen Regensburger Kapuzinerpater zur näheren Untersuchung dieser merkwürdigen Begebenheit. Dieser erklärte die ganze Sache für einen Spuk. Dennoch zog man die 12jährige in das Amtshaus von Geisling ein, um den Humbug zu unterbinden.

Einige Zeugen wurden zwischen dem 2. April und 4. April 1698 über den Spuk befragt. Dabei stellte sich jedoch heraus, daß keiner mehr so recht an die Erscheinung glauben wollte.

Geisterspuk als Broterwerb

So vernahm der Landrichter am 12. April die Katharina, welche nach zweimaligem Auspeitschen gestand, daß ihre Eltern die Geistergeschichten erfunden hätten, um von den abergläubischen Leuten Brot, Milch, Mehl und Kerzen zu erhalten, es sei kein wahres Wort an der ganzen Sache.

Das Mädchen blieb dennoch erst einmal in Haft zu Pfatter, wo sie am 2. Mai gegenüber dem Amtsknecht Simon Handloßer damit prahlte, daß ihr der Teufel als schwarze Katze erschienen sei und daß ihre Mutter mit der Weinzierlin auf der Gabel ausfahre und mit Töpfen voller Schmalz, Butter und Milch zurückkomme.

Dies wurde sofort dem Landrichter gemeldet, der am 7. Mai eine Befragung des Mädchens vornahm. Dabei kam er zu folgendem Resultat: Die

Katharina, ihre Mutter und die Weinzierlin schmierten sich mehrmals wöchentlich mit einer Hexensalbe ein und ritten auf Mistgabeln und Besen durch den Schornstein davon. Die »fromme Seel« sei in Wirklichkeit der Teufel gewesen.

Anklage wegen Hexerei

Daraufhin übertrug die Regierung den Fall wegen Verdachts auf Hexerei an zwei Regimentsräte und Kriminalkommissäre, welche die betroffenen Familien erst einmal in verschiedenen Kerkern in Ketten legen ließen. Katharina Gruber wurde am 1. Juni in die Fronfeste nach Straubing verlegt.

Der große Prozeß von Geisling 1689 bis 1691 als Verfahrensbeispiel

… nach welchem diese Hexenkinder auch durch einen zeitlichen Tod weggeräumbt

Folter und Verhöre nach den Fragstücken

Nun begannen die gütlichen und peinlichen Verhöre nach den vorgefertigten Fragenkatalogen, wobei folgende Foltergrade angewendet wurden:
1. Anlegen von Beinschrauben,
2. Brennen mit Kerzen und Fackeln am Oberleib,
3. Sitzen auf dem »spanischen Bock«, einem in spitzer Kante auslaufendem Holzbock und
4. Streckung auf der Leiter.

Die 12jährige Katharina gesteht

Aus Angst, »nochmals geschlagen zu werden«, legte die Katharina Gruber am 17. Juni ein »freiwilliges« Geständnis ab: Außer dem Flug und dem

Hexentanz mit Teufeln hätten die Mutter und die Weinzierlin Unwetter gezaubert, zu Hause seien die dort aufbewahrten Hostien geschändet worden. Von der Mutter habe sie gelernt, Frösche, Heuschrecken und Unwetter zu machen. Alle Nachbarn seien geschädigt worden, außer dem Benedikt Egger, da seine Frau selbst eine Hexe sei. Daraufhin wurde die denunzierte Familie Egger verhaftet.

Fakten widerlegen das Geständnis

Die befragten Geschädigten gaben zu Protokoll, daß es keine Unwetter gegeben habe, allerdings seien schon einige Tiere erkrankt oder gestorben. Einige Personen hatten sich auch einen reicheren Butter- oder Milchertrag vorgestellt.

Wo sind die geschändeten Hostien?

Selbst nach einer gründlichen Hausdurchsuchung konnten im Gruberschen Hause keine Hostien gefunden werden. Mit dieser Tatsache konfrontiert, erklärte die Katharina, die Mutter hätte die Hostien in Kleider eingenäht. Auch dies konnte nicht bestätigt werden. Daraufhin behauptete das Mädchen, die Mutter hätte ihr die Hostien in Arme, Stirn und Rücken »eingeheilt«. Als der Scharfrichter die bezeichneten Körperstellen des Mädchens aufschnitt, fand er »eine kleine zähe, mit Blut überronnene Materie«, die als eingeheilte Hostienpartikel identifiziert wurden. Auch erklärte das Mädchen, daß ihre Eltern und die Weinzierlin die Hostien auf dem Tisch mit einem Hammer und einer Schusterahle so »grausam gemarttert« hätten, daß sogar Blut herausspritzte. Der Tisch wurde beschlagnahmt.

3- bis 16jährige Geschwister gestehen

Ab dem 18. August wurden Katharinas Geschwister durch gutes Zureden dazu ermuntert, die Angaben ihrer Schwester zu bestätigen. Die Juristen konnten mit dem Ergebnis zufrieden sein - die kindlichen Fantasien förderten Schauerliches zu Tage: Der 16jährige Balthasar hatte auf den Hexentänzen einen weiblichen Teufel mit Geißfuß zur Braut und erlernte die Hexenkünste von seiner Mutter. Die 10jährigen Zwillinge Adam und Thomas schändeten selbst Hostien während der Hexentänze. Die 8jährige Maria konnte noch eine Vielzahl weiterer Hexen nennen, darunter die Hebamme. Diese habe jedes von einer Hexe geborene Kind im Hause der Grubers getauft und dem Teufel versprochen. Die Hebamme konnte sich aufgrund der Intervention zahlreicher Mütter retten und wurde nach längerer Untersuchungshaft in die Freiheit entlassen. Die 3jährige Ursula bestätigte schließlich sämtliche Aussagen ihrer älteren Geschwister.

Der Teufel zündelt im Gefängnis

Die beiden Zwillinge berichteten, daß der Teufel eines nachts im Gefängnis einen Scheiterhaufen erbaut und angezündet habe. Erstaunlicherweise wollte der Amtsknecht samt Familie in der besagten Nacht plötzlich durch ein Knistern und Prasseln aus dem Schlaf gerissen worden sein. Es ließen sich keinerlei Spuren eines Holzstoßes oder eines Feuerbrandes ausfindig machen.

Exorzismus bewirkt Geständnis

Beim 40jährigen Johann Gruber, in den Protokollen als »der alte Hexenmeister« bezeichnet, ließen sich vom Scharfrichter sogar zwölf eingeheilte Hostienpartikel ausfindig machen. Trotz Anwendung aller vier Foltergrade erhielt die Kommission kein Geständnis, sondern nur Ausrufe folgender Art: »Ist denn keine Barmherzigkeit?«. »Bei der zweiten und dritten Frag schreyt er beständig: O Jesus – Maria!« Deshalb gaben die Kommissäre zu Protokoll: »er verspürt keinen Schmerz, er stellt sich nur so«.

Da der Angeklagte aufgrund von Zauberkraft schmerzlos und verschwiegen sei, beantragte man einen Exorzisten aus Regensburg. Der herbeigeeilte Kapuziner segnete die Folterkammer und die beim Verhör am 5. Januar 1691 verwendeten Folterinstrumente. Und tatsächlich erfolgte das erwartete Geständnis, nachdem man dem Opfer auf dem »spanischen Bock« zusätzlich die Daumen und großen Zehen mit einer Drahtschlinge und einer Eisenstange zusammengezogen hatte. Wie darüber nachzulesen ist: »Man hat also die Krafft und Würkhung der gebrauchten Benediktion genugsam verspüren und abnehmen khönen.«

Vier Foltergrade und keine Tränen

Seine 46jährige Frau Gertrud ertrug nicht weniger standhaft alle Grade der Tortur, schrie dabei aber schrecklich und beteuerte beharrlich und ohne Unterlaß ihre Unschuld. Das Protokoll vermerkt hierzu: Da »hat dieses teuflische Weib nichts bekhant, sondern mit aufgesperrtem Rachen ein solches Gesicht gemacht, als wenn sie vom Laidigen Teufl wahrhafftig besessen wäre, … dabei aber während der ganzen Tortur keine einzige Zähre vergossen.« Erst nach Konfrontation mit der von

den Kindern der Familie Gruber denunzierten Elisabeth Egger legte sie am 9. Dezember 1690 endlich ein Geständnis ab.

Ein rätselhafter Gefängnistod …

Margarethe Weinzierl, die von den Kindern der Familie Gruber mehrfach besagt wurde, verstarb im Frühjahr 1690 nach zweimaligem ergebnislosen Verhör im Gefängnis zu Pfatter »eines unseligen Todes«. Man vergrub sie unter dem Galgen.

Selbst kindliche Fantasien stellten ernstzunehmende und oftmals verhängnisvolle Geständnisse dar

Die Leuchterhexe,
Albrecht Altdorfer, Radierung 1508;
München, Graphische Sammlung

… und ein bedrohtes Gericht

Margarethes Mann Wolfgang mußte erst einmal eine Gefängnisstrafe von sechs Monaten im Falkenturm zu München absitzen, nachdem er die Kommissäre massiv bedroht und angegriffen hatte. Auf dem Rückweg versuchte er vergeblich, zu flüchten und gestand schließlich jegliches ihm vorgeworfene Hexenwerk. Auch aus dem Körper seiner Tochter Christina Weinzierl vermochte der Scharfrichter drei Hostienpartikel auszuschneiden. Sie gestand unter der Folter.

Teufel spielen auf roten Pfeifen

Der vom Schadenzauber der Familie Gruber verschonte Benedikt Egger wurde zusammen mit seiner Familie verhaftet, nachdem die Kommissäre die 8jährige Tochter Everl ins Wirtshaus gelockt hatten, um das Kind dort zu befragen. Sie bekannte unter fortwährendem Weinen, und obwohl man ihr bereits einige Kreutzer ausgehändigt hatte, daß zwei oder auch drei Teufel bei den Hexentänzen auf roten Pfeifen aufgespielt hätten und daß ihre Eltern und die Schwester Agnes auf Gabeln ausritten und Hostien im Haus aufbewahrt würden. Diese fand man tatsächlich und verhaftete daraufhin die Familie. Benedikt und Elisabeth Egger legten nur äußerst zögernd Geständnisse ab. Die bereits erwachsene Stieftochter Agnes wurde auf freien Fuß gesetzt, da sie ohnehin seit längerer Zeit nicht mehr in Geisling wohnhaft war.

Das Malefizurteil

Nach 2 ½ Jahren fällte der Bannrichter aus Straubing das Malefizurteil.

Auf Grundlage des bayerischen Hexenmandats aus dem Jahre 1665 wurden acht Personen zum Tode verurteilt:

Johann und Gertrud Gruber, Benedikt und Elisabeth Egger wurden an einer Säule erdrosselt. Wolfgang Weinzierl und seine Tochter Christina, die Kinder Katharina und Balthasar Gruber wurden mit dem Schwert enthauptet. Anschließend übergab man sämtliche Körper den Flammen.

Verbrennung des Hausrats

Das Haus der Familie Gruber war durch den Scharfrichter abzubrechen. Das Holz sowie die Gabeln, die beim Hexenflug verwendet wurden, verbrannte man ebenfalls auf dem Scheiterhaufen. Der bereits beschlagnahmte Tisch, auf dem die Hostien geschändet worden waren, Schusterahle und Hammer brachte man in das Prämonstratenserkloster Windberg. Die Kinder Thomas, Adam und Maria Gruber, Eva Egger und Bartolomäus Weinzierl wurden im Amtshaus ausgepeitscht, nachdem sie der Hinrichtung ihrer Eltern hatten beiwohnen müssen, und blieben weitere drei Jahre in Haft. 1694 verhörten die Kommissäre die »hinterbliebenen Hexenkinder« erneut und mußten zu ihrem Leidwesen feststellen, daß sie dem Teufel »derart anhangen, daß sie fast jede Nacht die abscheulichsten Laster mit ihm treiben, ihn als ihren Gott anbeten, dagegen den allmächtigen Gott und die sel. Jungfrau verleugnen«.

Am 24. September des gleichen Jahres wurde das zweite Malefizurteil des Bannrichters vollzogen, »nach welchem diese Hexenkinder auch durch einen zeitlichen Tod weggeräumbt« wurden.

Hatte die angeklagte Person letztendlich das ihr vorgelesene Geständnis mindestens 24 Stunden nach der peinlichen Befragung »freiwillig bestätigt«, erfolgte der Schuldspruch und die Festlegung des endlichen Rechtstages, an welchem die öffentliche Hinrichtung stattfand. Bis dahin war der Angeklagte strengstens zu überwachen und sollte auf keinen Fall in seiner Zelle alleingelassen werden. Nicht selten versuchten sich die Opfer dem Schauspiel der öffentlichen Hinrichtung noch vorher durch Selbstmord zu entziehen.

Geistliche Seelsorge vor der Hinrichtung

Selbstverständlich übte der Teufel auch in dieser Situation noch immer seinen verderblichen Einfluß auf die bereits Verurteilten aus. Deshalb waren geistliche Abwehrmittel angezeigt. Indem man das Opfer mit Weihwasser besprengte und Heiligenbilder sowie das Kruzifix in der Zelle aufstellte, vermochte man die teuflischen Mächte zu bannen.

Die wichtigste Aufgabe des Priesters vor Vollzug der Hinrichtung bestand darin, den armen Sünder reuig

zu stimmen. Mitunter taten die Geistlichen allerdings Gegenteiliges, sie ermunterten sogar zum Widerruf. Aus diesem Grunde durften sie die Gefängniszelle häufig nur zusammen mit Begleitpersonen betreten, um »zue der revocation nit Ursach« zu geben. Zeigte sich die verurteilte Person trotz entsprechender Versuche nicht zur Reue bereit, konnte der Priester die Absolutions- und Kommunionsmöglichkeit vor der Hinrichtung verweigern. Am Strafvollzug änderte dies jedoch nichts. Der geistliche Beistand endete bei aufrichtig bereuenden, überführten Hexen schließlich einen Tag oder spätestens vier Stunden vor der Hinrichtung mit dem Empfang der letzten Kommunion.

Das Schauspiel der Hinrichtung

Sich zur Strafe und Anderen zum wohlverdienten Exempel mit feur zu Pulver verbrendt

Der endliche Rechtstag im Pappenheimer Prozeß

Am Samstag, den 29. Juli 1600, inszeniert man in München unter Leitung Maximilians I. einen aufsehenerregenden und grausamen Abschreckungsprozeß. Sechs im Falkenturm verwahrte und überführte Hexenleute, darunter eine vierköpfige Landfahrerfamilie Gämperle – auch Pappenheimer genannt – werden den Flammen übergeben. Der 11jährige Sohn der Familie muß der Hinrichtung seiner Eltern und seiner zwei erwachsenen Brüder beiwohnen. Er wird bei einer zweiten Exekution am 26. November 1600 zusammen mit vier weiteren denunzierten Personen ebenfalls lebendig verbrannt. Insgesamt richtet man im Laufe des Prozesses elf Menschen hin und

> […] aufs wenigst 4 Stundt vor dem Todt daß hl. Sacrament gereicht werden. Bey welchen aber kein richtig Pueß, sondern ein teuflisch, halsstarrige Verstockung gefunden wirdt, denselben soll das heil. Sacrament mit nichten gereicht werden.
> *General- und Spezialinstruction über den Hexenproceß von Maximilian I., 1622*

400 Leute werden als Komplizen besagt. Standen die Pappenheimer zu Beginn des Verfahrens wegen verschiedener krimineller Handlungen wie Kirchen- und Straßenraub vor Gericht, so erfinden sie unter schrecklichen Folterqualen weitere Verbrechen, die sich aus Sensationsgeschichten, welche sie während ihres Wanderlebens überall aufschnappten, und typischen Hexereidelikten wie Teufelspakt, Wetterzauber, zauberische Tötungen zusammensetzen. Die Verfolgungsbefürworter im Münchner Hofrat, die Jesuiten und Herzog Maximilian I. erachten den Fall schnell als geeignet, ein Exempel zu statuieren gegen das Verbrechen der Hexerei wie auch gegen die kaum in den Griff zu bekommenden Raubmorde und Plünderungen im Land.

Keine Spontanaktion

Im allgemeinen bedurften die Hinrichtungsprozeduren der gründlichen Vorbereitung. Nicht selten mußte die Hinrichtungsstätte ausgebessert oder erst aufgebaut werden. Das Ritual hatte ordnungsgemäß abzulaufen, um rechtsgültig zu sein. Außerdem sollten weitere Übeltäter dadurch abgeschreckt werden, weshalb auf möglichst zahlreiche Anteilnahme durch die Bevölkerung geachtet wurde.

Öffentlich vollzogene Leibstrafen

Bereits auf dem Weg zur Richtstätte sahen sich die Verurteilten, die sich meist auf einem Henkerkarren befanden, dem anwesenden Pöbel ausgesetzt. So führen auch im Jahre 1600 die Amtleute die sechs Verurteilten von der Münchner Rathaustreppe herab, während zwei offene Karren von Pferden herbeigezogen werden. Die Gehil-

fen des Henkers hatten zur Freude der sensationslüsternen Menge schon geraume Zeit vor Beginn der Prozedur einen Kessel mit glühenden Holzkohlen vor dem Rathaus aufgebaut. Nun führt man die ohnehin von der Folter gezeichneten Malefikanten vor die Schaulustigen und entblößt ihre Oberkörper. Alle sechs Personen werden jeweils sechsmal mit glühend gemachten Zangen »gezwickt«, wobei man tiefe Wunden reißt. Als weitere Grausamkeit schneidet der Scharfrichter der Anna Pappenheimer beide Brüste ab und schlägt diese der Familienmutter selbst wie auch ihren beiden Söhnen ins Gesicht; wie Chronisten berichten, habe er den drei Personen die abgeschnittenen Brüste »ums Maul gerieben«.

Der Zug zum Galgenberg

Die solchermaßen gemarterten Opfer haben nun den langen Weg zum Galgenberg vor sich. Sie werden auf die beiden Karren gesetzt und die Prozession, angeführt von einem großen mitgetragenen Kruzifix, bahnt sich den Weg durch die staunende Menge vorbei an den weit geöffneten Kirchentüren von »Unserer Lieben Frau« und »St. Michael«. Würde den Verurteilten eine Flucht durch diese Türen gelingen, wären sie vor dem Zugriff der Schergen sicher.

Ein letztes Gebet der Opfer

Am heutigen Karlstor angelangt, müssen die sechs überführten Hexenleute vom Karren absteigen und vor einem blumengeschmückten Kreuz, das an der rechten Seite der Toreinfahrt hängt, ihre Hände zum Gebet falten. Bevor die letzte Etappe von der Pasinger Landstraße bis zum Galgenberg angetreten wird, erhalten die Verurteilten von den Gehilfen des Scharfrichters Wein. Dieser sollte mit seiner berauschenden und leicht betäubenden Wirkung einen Eklat während der schmerzvollen Hinrichtungszeremonie vermeiden helfen.

Der ideale Verurteilte ist gefügig

Unter allen Umständen mußte sichergestellt sein, daß die armen Sünder nicht etwa noch anfingen, auf der Richtstätte allzu laut zu schreien, dabei womöglich ihre Unschuld zu beteuern und zu erklären, die Richter hätten sie betrogen. Es ist überliefert, daß der eine oder andere Delinquent sich sogar an die Umstehenden wandte und sie bat, für seine unschuldige Seele zu beten. Derartige Zwischenfälle bargen immer die Gefahr in sich, daß die Stimmung der Menge umschlug und Aufruhr entstand.

Das Verlesen der Urgicht

Nach der Ankunft der Delinquenten auf dem Richtplatz werden die Bekenntnisse, die sogenannte Urgicht, sowie das Urteil öffentlich verlesen. Die Verurteilten übernahmen bei diesem Schauspiel reine Statistenrollen und hatten lediglich die einzelnen Punkte zu bestätigen. Im Falle der Pappenheimer werden die Vergehen aufgrund der Menge nur summarisch aufgezählt. Die »sechs malefizischen Personen« haben unter anderem gestanden, »vierhundert und ein Kind, fünfundachtzig alte Leut mit Zauberei hingerichtet, achtundzwanzig Kirchenraub und einhundertundsieben Mord begangen, sechsundzwanzigmal gebrannt, neunmalen Straßenräuberei

getrieben, dreizehnmal Diebstahl verbracht, einundzwanzig Hagel und Schauer gemacht, unzählig vielmalen Viech und Weid verderbt und vier böse Ehen gemacht« zu haben.

Opfer akzeptieren die Urgicht nicht

Mitunter geschah es dennoch, daß sich peinliche Zwischenfälle ereigneten. So konnte es zum Beispiel dazu kommen, daß die Angeklagten teilweise öffentli-

Die Hexe als »ein Opfer des Irrwahns«

Franz Reiff, Gemälde, um 1880; Besitz unbekannt

che Kommentare zu den Urgichten von sich gaben. In diesem Zusammenhang berichtet ein Augenzeuge von der Verurteilung zweier Frauen, die sich mit den vorgelesenen Bekenntnissen durchaus nicht einverstanden erklärten und anfingen, lautstark zu protestieren und zu zetern. Sie riefen dabei immer wieder die Namen angeblicher Komplizen in die Menge, und »hettens auch noch also geredt inn der hütten an den stuelen und wie das feuer unden an der hütten schon gebrent, auß der hütten alle beede herauß gerufen«.

Die »christliche Anrede«

Nun war auch der richtige Zeitpunkt für den Hexenprediger gekommen, sich in Form einer Predigt an das Publikum zu wenden. Diese »christlichen Anreden« warnten vor allem vor den Mächten Satans und den teuflischen Fallen, die dieser auslege, um die Menschen – wie an den Angeklagten deutlich zu sehen – ins Verderben zu stürzen. Zugleich sollten die irdischen Strafen und Qualen der Hinrichtung einen anschaulichen Eindruck von den göttlichen Strafmaßnahmen in Fegefeuer und Hölle geben.

Die feierliche Überweisung an den Henker

War schließlich der verbale Teil der Zeremonie vollbracht, schritt man sozusagen zur Tat. Die Delinquenten wurden vom Bannrichter an den Henker zur Aburteilung übergeben, oft mit den Worten: »sich zur Strafe und Anderen zum wohlverdienten Exempel« solle der Verurteilte »mit feur zu Pulver verbrendt« werden. Die Vollstreckung diene »wolverdientter straff, auch andern zum abscheulichen exem-

pel.« Der dabei öffentlich ausgesprochene Nachrichterfrieden erlangte besondere Bedeutung, da hierdurch jeglicher Angriff auf den Henker als direkte Bedrohung der Obrigkeit geahndet wurde. Die Zusicherung freien Geleits nach der Hinrichtung gewährte dem Scharfrichter insbesondere nach Pannen bei seiner Berufsausübung eine Überlebensgarantie.

Der reinigende Feuertod

Mit Ausnahme Englands galt die Feuerstrafe allgemein üblich für die Verbrechen der Ketzerei und Hexerei. Eine theologische Begründung fand sich in dem Bibelspruch: »Wer nicht in mir bleibt, der wird weggeworfen wie eine Rebe und verdorrt, und man sammelt sie und wirft sie ins Feuer, und sie müssen brennen.«

Das in allen Mythologien mit dem Feuer verbundene Reinigungsritual schien besonders geeignet zu sein, die Gesellschaft von Verbrechern gegen die religiöse und sittliche Ordnung zu reinigen, »damit also Gottes Zorn und Strafe von Stadt und Land möge abgewandt werden«.

Das Gedächtnis soll ausgetilgt werden

Die Opfer wurden dabei nicht direkt durch die Hand des Henkers getötet, sondern durch die Naturgewalt des Feuers. Zudem gewährleistete der Feuertod eine völlige Vernichtung und Auflösung des Delinquenten, »damit die gedächtnüß dieser schändlichen That soll ausgetilget werden«. Für manch einen etwas verunsicherten und ängstlichen Richter mag es durchaus beruhigend gewesen sein, daß die zauberkundigen Personen sicher nicht mehr lebendig wiederkehren konnten.

Many poor women imprisoned, and hanged for Witches.
A. Hangman. B. Belman. C. Two Sergeants. D. Witch-
finder taking his money for his work.

Hexenhinrichtung,
englischer Stich, 17. Jh.;
Oxford, Bodleian Library

*Englische Hexen wurden
gehängt, da man die
weltlichen Verbrechen
wie Giftmord ahndete,
nicht dagegen die religiösen Untaten*

Englische Hexen werden gehängt

In England, Neuengland und Skandi-
navien standen nicht die religiösen
Vergehen und ketzerischen Untaten
im Mittelpunkt der Anklage, sondern
die tatsächlich verübten normalen Verbrechen wie Giftmord. Deshalb wurden die Hexen hier genauso wie andere
Verbrecher nicht verbrannt, sondern
gehängt. Entsprechend der 1541 in
England erlassenen Parlamentsakte
gegen Beschwörungen, Zauberei und
Zerstörung von Kruzifixen verurteilte
man nur diejenigen Personen zum Tod
am Galgen, die einen anderen Menschen mit Hilfe von Hexenkünsten zu
Tode gebracht hatten. Auch wurde in
England die Tortur nicht gesetzlich
eingeführt, weshalb nur verschiedene
Hexenproben wie Nadel-, Wasser-
oder Tränenprobe Anwendung fanden.

Von Scheiterhaufen und Pulversäcken

»Eine wurde auf dem Scheiterhaufen
erdrosselt, drei in einen Pulversack
gesteckt und lebendig verbrannt, eine
auf dem Scheiterhaufen enthauptet
und dann verbrannt.« Die Feuerstrafe
kannte viele Varianten, wie der Bericht
über die Hinrichtung von fünf Hexen
im Juni 1617 in Hemau, einem kleinen
Ort in der Oberpfalz, deutlich macht.

Die Todesstrafe durch Verbrennen
war immer ein sehr aufwendiges Hin-
richtungsritual, und zugleich ein nicht
immer sicher zum Ziel führendes Unterfangen. Mitunter starben die Opfer
einen durchaus »erschröcklichen und
erbärmlichen Tod«, besonders dann,
wenn das Feuer schlecht gelegt war
und die ganze Sache zu lange dauerte.
Dem Henker war sicher an einem
möglichst reibungslosen Ablauf gele-

Drei Hexen erleiden den
»erschröcklichen Tod«
auf dem Scheiterhaufen
unter nächtlichem
Himmel vor den
Umrissen einer Kirche

Hexenverbrennung,
Gottfried Franz, Radierung, um 1876;
Privatsammlung

gen, weshalb die Delinquenten vor der Verbrennung häufig erdrosselt, enthauptet oder mit einem Pulversack versehen wurden. Einigen Scharfrichtern gab man detailliertere Anweisungen für das jeweilige Vorgehen, wie beispielsweise, das Opfer solle erst erwürgt und dann verbrannt werden, aber so, daß es »die hitz des feuwers etwas fülen« müsse. Das Verbrennen des Körpers geschah meistens, indem man einen Pfahl in den Boden schlug und diesen mit Stroh, Holzscheiten und Reisigbündeln umschichtete. Der Delinquent wurde dann mit Eisenketten stehend oder auf einem Stuhl sitzend an den Pfahl gebunden.

Verbrannte man die Opfer jedoch bei lebendigem Leibe, so wird neben der geschilderten Vorgehensweise öfters erwähnt, daß man die Verurteilten in Strohhütten einschloß und diese dann entzündete. Dies verhinderte einen direkten Anblick der im Todeskampf befindlichen Brandopfer und führte zudem den Tod aufgrund der starken Rauchentwicklung durch relativ schnelles Ersticken herbei. Erbärmliche und mitleiderregende Szenarien, durch welche die Menge in Aufruhr geraten konnte, wurden solchermaßen vermieden.

In alle Winde verstreute Asche

In jedem Fall ließ der Scharfrichter das Feuer so lange brennen, bis nur noch die Asche übrig blieb. Waren einzelne Knochen noch nicht vollständig verbrannt, wurden sie zu Pulver zerschlagen. Da selbst die Asche der Hexen und Zauberer noch als gefährlich galt und alle Spuren beseitigt werden sollten, verstreute man den Leichenbrand in alle Winde, warf ihn in einen Fluß oder vergrub ihn unter dem Galgen.

Leichenhinrichtungen

Selbst vermeintliche Hexenleute, die vor der Urteilsvollstreckung Selbstmord verüben konnten oder unter teilweise merkwürdigen Umständen im Gefängnis verstorben waren beziehungsweise die Folter nicht überlebten, entkamen der Urteilsvollstreckung nicht. 1574 verbrannte man in Braunschweig Anneke Lange zusammen mit ihrem bereits verstorbenen Ehemann Hans. Dieser erlag im Gefängnis den schweren Folterungen. Man scheute sich jedoch nicht, die Leiche beim endlichen Rechtstag öffentlich zu verhören und das Urteil über diese zu verhängen.

Ein erschröckliche geschicht/ so zu Derneburg in der Graffschafft Reinstepn/ am Hartz gelegen/ von drepen Zauberin/ vnnd zwapen Mannen/ Jn etlichen tagen des Monats Octobris Jm 1555. Jare ergangen ist.

Rettet der Teufel vor der Verbrennung?

Die Frage, ob der Teufel seine Verbündeten aus dem Feuer befreien könne, war umstritten. Obschon der Teufel so ziemlich alles vermochte, erstaunte es die Gelehrten offensichtlich nicht, daß er seine Anhänger wehrlos dem Feuertod überließ. »Aus dem Feuer dage-

Der Teufel rettet »sein Liebchen« noch im letzten Augenblick vor den Flammen

Wirken des Teufels bei der Hexenverbrennung im Oktober 1555, Flugblatt, Nürnberg, 1555; München, Graphische Sammlung

*Die Hexen und Zauberer
»werden dann angebun-
den an den Brandpfahl,
heulen und jammern
ob all der erlittenen
Martern; [...] das Volk
aber, Vornehm und Ge-
ring, Alt und Jung,
schaut dem Allem zu,
spottet, höhnt oftmals
und lästert die armseli-
gen Opfer - was gläubest
du, christlicher Leser, wer
hier regiert ? und wer
jubilirt, wenn er all das
Jammern und die Qua-
len sieht und das zu-
schauend Volk, in dem
allbereit Viele sind, die
selber für den nächsten
Braten dienen; ist es
nicht der Teufel ?«
Das Schauspiel des Todes
in der Landvogtei Orten-
au, um 1600*

gen, dahinein sie nach allem Recht
gehörig, sie zu erretten [der Teufel]
nicht die Macht habe«, erklärte der
Helmstedter Professor Hermann Neuwalt ohne sonderliches Erstaunen. Mit
der Wundergläubigkeit der Bevölkerung verhielt es sich jedoch anders.
Immer wieder bestätigen Augenzeugen
von Hexenverbrennungen, der Teufel
habe »seine Gespielen« oder »sein
Liebchen« im letzten Augenblick doch
noch aus den Flammen errettet. Eine
Flugblattillustration aus dem Jahre
1555 zur Hexenverbrennung aus
Derneburg am Harz veranschaulicht
diesen Volksglauben. Der Teufel holt
als Flugdrache eine der Hexen zu sich
in die Lüfte.

Das grausame Ende der Pappenheimer

Nach Verlesung der äußerst umfang-
reichen Urgicht und den Ansprachen
und Mahnpredigten legt der Bannrichter die Leben der sechs Malefikanten
des Pappenheimer Prozesses mit den
folgenden Worten in die Hände des
Henkers: »Ich befehle dem Züchtiger,
seines Amtes zu walten und verkünde
ihm Frieden und sicheres Geleit, was
immer ihm widerfahren soll!« Nach-
einander erleiden die fünf männlichen
Opfer die Strafe der Räderung, welche
bei Frauen nicht angewendet werden
durfte. Der Scharfrichter legt das jeweilige Opfer auf ein gezimmertes Bal-
kengatter, welches auf dem Boden
liegt, und befestigt daran die Füße und
Hände. Nun läßt er ein Rad auf die
Arme und Beine fallen, so daß die
Knochen zersplittern.

Da der Familienvater Paulus Pappenheimer als Haupttäter gilt, wird
er laut zeitgenössischer Quellen zusätzlich gespießt, indem ein hölzerner
Spieß in den After gestoßen wird. Ein

sehr riskantes Unterfangen, da die entsprechenden Aufschreie des Opfers durchaus Unmut im Publikum erregen konnten.

Letztendlich übergibt man die sechs über die Maßen gequälten Personen an Pfählen festgebunden noch lebend den Flammen. Auch diese Vorgehensweise ist dazu prädestiniert, Aufruhr zu begünstigen. Der Scharfrichter und seine Gehilfen ziehen die Bretterbrücken auf den Brandaufbauten weg und entzünden mit ihren Fackeln die Reisigbündel. Die verzweifelten Schreie und die Hustenkrämpfe der Sterbenden ver-

mischten sich sicher mit dem Geschrei der Menge und den lautstarken Gebeten. Als von den Opfern nur noch Asche übrig ist, fragt der Scharfrichter: »Herr Bannrichter! Habe ich recht gerichtet?« Worauf dieser zur Antwort gibt: »Da du gerichtet hast, wie Urteil und Recht gegeben, so laß es dabei bleiben!«

Dies ist der unspektakuläre Abschluß eines aufsehenerregenden Prozesses, der von einem Augsburger Verleger sehr geschäftstüchtig in Form eines Einblattdruckes für das Publikum festgehalten wurde (Tafel XX, S. 120).

Obwohl nach den Regelungen der *Constitutio Criminalis Carolina* keine Güterkonfiskationen vorgenommen werden durften, war dies mancherorts durchaus üblich. Nach vollbrachtem Strafvollzug an der Hexe oder dem Zauberer zogen die Behörden die Hinterlassenschaft des Opfers und teilweise sogar der ganzen Familie ein. Häufig ging der Besitz an die Obrigkeit über, die in dem betreffenden Ort Blutbann oder Malefizgerichtsbarkeit besaß. Erhoben mehrere Obrigkeiten Ansprüche, wurde das Vermögen anteilsmäßig aufgeteilt. Die Dreiteilung zwischen Papst, Bischof und Inquisition traf nur auf päpstlichem Gebiet zu. Felder, Häuser, Tiere und Wiesen wurden versteigert. Meist räumte man den Angehörigen ein Vorkaufsrecht ein, diesen fehlten jedoch im Normalfall die nötigen Mittel.

Fromme Spenden vor Gütereinziehung

In Wemding galt beispielsweise in den Jahren der ersten Prozeßwelle von 1609/10 der Grundsatz, daß das gesamte Vermögen der verurteilten Person und das ihrer Familie nach dem Tod der vermeintlichen Hexe vollständig an den Staat übergehe. Dies führte dazu, daß mehrere Verurteilte vor ihrem sicheren Tod erhebliche Summen für wohltätige Zwecke spendeten. Vier der Hexenleute hatten sogar jeweils 350 fl. gestiftet. Mit Genehmigung des Landesherrn verwendete man Geldspenden zur Renovierung der schadhaften Pfarrkirche zu Wemding.

Gerichtsgebühren und sonstige Kosten

Vielerorts verzichtete man allerdings auf die an sich widerrechtliche Güter-

konfiskation. Diese war oft auch gar nicht nötig, da die in Rechnung gestellten Unkosten für das Gerichtsverfahren und die Strafvollstreckung derart schwindelerregende Höhen annahmen, daß dies durchaus einer Konfiskation gleichkam. Die Kosten für das Prozeßverfahren wurden vom Besitz des Verurteilten und seiner Familie bestritten. Genügten diese Reserven nicht, mußte die Gemeinde die Unkosten übernehmen. Da die angeblichen Ausgaben derart maßlose Summen ausmachten, brachte die Begleichung der Gerichtskosten die Hinterbliebenen, insbesondere die Kinder, an den Bettelstab und stürzte ganze Dörfer in Schulden. So klagten zwei der Hexen-

Die Prozeßfolgen: Güterkonfiskation und Prozeßgebühren

… das Foltern zu 6 Pfund,
das Holz für den Galgen zu 40 Schilling

richter von Wemding noch bis mindestens 1639, also Jahre nach den Hexenprozessen, wiederholt bei der Stadt Wemding ihr Entgelt für die Gerichtsverfahren sowie ihre Spesen und Unterhaltskosten in stattlicher Höhe ein. Diese wurden jedoch nur zögerlich bezahlt, da es hieß, daß von den Hinterbliebenen nichts zu holen und die Stadt durch die Auseinandersetzungen des damals tobenden Krieges ins Elend gestürzt sei.

Die hinterlassene nicht ins verderben und an betelstab zu setzen

Häufig versuchten die Angehörigen der gänzlichen Verarmung zu entkommen, indem sie nicht ohne Erfolg Bittgesuche an die Obrigkeit verfaßten und Ausnahmen zu erwirken versuch-

	Pfund	Schillinge
Nach Anzug der 27 Pfund, welche der Verkauf des Besitzes von Margaret Dunhome erbrachte, blieben also noch 65 Pfund und 14 Schillinge von ihrem Vermieter zu bezahlen, da keinerlei Verwandte belangt werden konnten.		

Nach Anzug der 27 Pfund, welche der Verkauf des Besitzes von Margaret Dunhome erbrachte, blieben also noch 65 Pfund und 14 Schillinge von ihrem Vermieter zu bezahlen, da keinerlei Verwandte belangt werden konnten.

	Pfund	Schillinge
zunächst an William Currie und Andrew Grey für das Beobachten ihres Hauses während 30 Tagen, jeder Tag 30 Schillinge	45	
an John Kincaid für das Foltern	06	
Fleisch, Wein, Getränke für ihn und seine Gehilfen	04	
Kleidung für die Hexe	03	
Holz für den Galgen		40
Lohn für die Arbeiter, die das Holz schlugen	03	
an den Henker aus Haddington, und seine Reisekosten	04	14
für seine Beköstigung, Fleisch, Wein, Getränke	03	
für einen Fuhrmann und zwei Pferde, der ihn abholte und wieder nach Hause brachte		40
Fleisch und Getränke für die Hexe, pro Tag 40 Schillinge 30 Tage lang	6	
Lohn für zwei Beamte, pro Tag 6 Schillinge/8 Pennies	10	
Summe	**92**	**14**

gez. *Ghilbert Lauder*

Rechnung der als Hexe gehängten Margaret Dunhome

tungsstätten errichteten, Boten und sogar die Arbeiter, die das Holz für die Scheiterhaufen schlugen und hackten.

Sogar das Aufspüren von vermeintlichen Hexen konnte hauptamtlich betrieben werden.

Matthew Hopkins, ein ehemaliger Jurastudent, ritt als »Generalhexenfinder« – wie er sich selbst bezeichnete – ab 1645 durch die östlichen Grafschaften Englands und bot seine Dienste an. Für jede von ihm identifizierte Hexe erhielt er 20 Schilling.

In nur 14 Monaten starben Hunderte von Menschen durch seine Denunziationen.

ten. Vielerorts bemühten sich die Landesherren, diese Mißstände durch Verordnungen und Erlasse zu beseitigen und forderten manche Lehns- und Amtleute zur Rückerstattung unrechtmäßig eingezogener Güter auf. Manche Städte führten Höchstsätze für die Kostenberechnung ein.

Das Geschäft mit den Toten

Zahlreiche Menschen profitierten von den Hexenverfolgungen und -prozessen: nicht nur die Richter, Rechtsanwälte, Priester, Schreiber, Ärzte, Gerichtsdiener, Henker und Folterer, sondern auch die benötigten Wachen, die Zimmerleute, welche die Hinrich-

Was kostete eine legale Tötung?

Die Quellen gestatten einen ungefähren Einblick in die menschliche Erfindungsgabe, aus dem Tod anderer möglichst viel Profit zu schlagen. So werden unter anderem folgende »Sonderleistungen« als eigene Posten in Rechnung gestellt: Stroh für die Pritsche des Angeklagten, Wein für die Wächter, das Transportieren des Eigentums bei Gefängniswechsel, Gebühren für die Vorsitzenden der Gerichtsverhandlung, den Anwalt, den Schreiber, die Rechtsgelehrten, das Nachschlagen in den Gerichtsakten, extra für jede Zeugenbefragung und jedes Protokollieren einer Aussage, für die Frau, welche der Angeklagten die Haare abschnitt, für den Folterer und für den Boten, der den Folterer im Nachbarort abholte.

1595 beträgt das Verbrennen bei lebendigem Leibe von drei Frauen in Appenweiler insgesamt 93 fl. Dieser Betrag setzt sich zusammen aus: Gefangennehmen, Verzehr, ins Schloß Ortenberg bringen, Zehrung für den Nachrichter, Morgensuppe, Imbiß des Gerichts, der Priester und des Fürsprechers mit dem Nachttrunk, wie die Unterhaltungskosten der Malefikanten und der Wächter. Dazu kommt das Turmgeld.

Foltertarife

Da der oberste Henker der Stadt ohnehin ein jährliches Gehalt bezog, beschränkte der Erzbischof von Köln die zusätzlichen Sonderleistungen, für die der Scharfrichter weiteren Sold eintreiben wollte. Hierzu veröffentlichte der Erzbischof einen »Folterungstarif« mit 55 zulässigen Gebühren, etwa für das Vorzeigen und Herzeigen der Folterinstrumente. Beim Tod durch Verbrennen konnte der Henker Gebühren für »ein Seil und das Vorbereiten und das Anzünden des Scheiterhaufens« zusätzlich in Rechnung stellen. Beim zweiten Grad der Folter handle es sich dagegen nicht um eine als Sondertarif zu veranschlagende Arbeit, sei doch das anschließende Verdrehen der Gliedmaßen und die benutzte Salbe im Gehalt mit eingeschlossen.

»Wer lachte nicht über die ewigen Qualen der Hölle angesichts eines solchen Gaudiums im verwirrenden Kreis des Feuerscheins, mit den Polen der Frau und dem schändlichen Getier der Nacht?«
(Übersetzung der originalen Bildunterschrift)

Die Hexe,
Jan van de Velde II., Kupferstich 1626;
Paris, Bibliothèque nationale, Cabinet des estampes, Cb 28, folio

Hexe, den Schädel Manuels
durch die Lüfte tragend,
Nikolaus Manuel, gen.
Deutsch, Federzeichnung, weiß
gehöht auf orange grundiertem
Papier, 1513;
Basel, Öffentliche Kunstsamm-
lung, Kupferstichkabinett
Inv.-Nr. KK.U.X.6

Nachwort

Die europäischen Hexenverfolgungen des späten Mittelalters und der frühen Neuzeit kosteten schätzungsweise 60 000 Menschen das Leben bei ungefähr 110 000 Hexenprozessen. Der europäische Durchschnitt liegt bei einer Hinrichtungsrate von circa 47%. Nach jüngsten Forschungen verteilt sich die Anzahl der legalen Hinrichtungen folgendermaßen:

Deutschland (Heiliges Römisches Reich)		25 000
Polen/Litauen	insgesamt	10 000
Schweiz		4 000
Frankreich		4 000
Britannien		1 500
Italien/Dänemark/Österreich	jeweils	1 000
Tschechien/Slowakei	insgesamt	1 000
Ungarn		800
Belgien/Luxemburg	insgesamt	500
Norwegen		350
Schweden/Spanien/Liechtenstein	jeweils	300
Niederlande und Finnland	insgesamt	315
Rußland/Slowenien/Estland	insgesamt	264
Island		22
Portugal		7
Irland		2

Von Anfang an wurden die Hexenprozesse jedoch keineswegs kritiklos hingenommen. Ein ausgesprochen scharfer Angriff kam bereits vonseiten William Occams gegen die päpstliche Gesetzgebung der 1320er Jahre. Die zeitgenössische Kritik setzte insbesondere bei den willkürlichen Prozeßverfahren an. Man erkannte ganz klar, daß die Anwendung der Folter zu den gewünschten Denunziationen führen mußte – und damit zu immer neuen Prozessen mit weiteren Folterungen und Denunziationen. Der Arzt Johannes Weyer appellierte selbst an den Kaiser, »das Blutbad der Unschuldigen« zu beenden. Seine Schrift *De praestigiis Daemonum – Blendwerke der Dämonen* von 1563 wurde auf die Liste verbotener Bücher, den katholischen Index, gesetzt. Der Jurist und Jesuit Friedrich Spee veröffentlichte seine Anprangerung des inhumanen Verfahrens *Cautio Criminalis oder Rechtliche Bedenken wegen der Hexenprozesse* im Jahre 1631 anonym. Man geriet allzuschnell selbst in den Verdacht der Hexerei.

Viele mutige Kritiker wären noch zu nennen, die es wagten, öffentlich gegen das Unrecht zu protestieren. Aber auch diejenigen, die sich nicht hervortaten, ihre Mitmenschen zu verdächtigen und zu denunzieren. Es hat offensichtlich nicht wenige Personen mit Zivilcourage gegeben, wie zum Beispiel einen der Äbte des Klosters Steingaden, der sich gegenüber dem Verfolgungsverlangen des Herzogs von Bayern schützend vor seine Untertanen stellte.

> Die Hexen haben allein ihr Königreich, wo Ignoranz der König ist.
> *Kaiserin Maria Theresia von Österreich in ihrer Entschließung von 1758*

> Unsere kleine Tochter Berta hatte so viel Asthma. Wir bekamen bald heraus, daß unser Mädchen verhext worden war. Wir legten gekreuzte Scheren unter die Fußmatte, räucherten mit Teufelsdreck und hielten sie nackt über Rauch, bis sie fast erstickte. Nichts half. Da haben wir das Kind geprügelt, bis es blutete. Bloß damit die verdammte Hexe sie freigibt.« Drei Tage später starb die siebenjährige Berta. »Wir mußten unsere Tochter doch aus den Fängen der Hexe befreien.
> *die tageszeitung vom 31. August 1984*

DE PRÆSTIGIIS.
Der Erste Theil.
Von den Teuf=
eln/Zaubrern/Schwartzkünst=
lern/Teuffels beschwerern Hexen oder
Vnholden vnd Gifft=
bereitern.

Erstlich durch D. Johan Wei=
er in Latein beschrieben/ nachmalen
verteutscht von Johanne Fuglino/vnd jetzt wide
umb nach dem letsten Lateinischen Original im
6. jar außgangen vbersehen/ an vielen orthen
mercklich gebessert/vnd mit einem nützli=
chen Register gemehret.

Getruckt zu Franckfurt am Mayn/ 1566.

1704

Titelholzschnitt zu Johann Weyer:
De Praestigiis Daemonum.
Von den Teuffeln …, Frankfurt, 1566;
Frankfurt/Main,
Städelsches Kunstinstitut

*Die Schrift des Arztes
Johannes Weyer, »Blend-
werke der Dämonen«,
wurde auf die Liste ver-
botener Bücher gesetzt*

AHRENDT-SCHULTE, INGRID: Weise Frauen – böse Weiber. Die Geschichte der Hexen in der frühen Neuzeit. Freiburg 1995

ARZBERGER, DIETER: Brauchtum und Aberglauben. Selb 1978

BACH, ADOLF: Die deutschen Personennamen. Berlin 1943

BACHERLER, MICHAEL: Über Eichstätter Hexenprozesse. Eichstätt 1929

BÄCHTOLD, JOHANN: Handwörterbuch des deutschen Aberglaubens. Berlin 1942

Literaturverzeichnis

BASCHWITZ, KURT: Hexen und Hexenprozesse. München 1963

BEHRINGER, WOLFGANG: »Vom Unkraut unter dem Weizen« und »Erhob sich das ganze Land zu ihrer Ausrottung …«. In: Dülmen, Richard van (Hrsg.): Hexenwelten. Magie und Imagination. Frankfurt a. M. 1993, S. 15–48, 131–169

BEHRINGER, WOLFGANG: Hexenverfolgung in Bayern. Volksmagie, Glaubenseifer und Staatsräson in der Frühen Neuzeit. München 1988

BEHRINGER, WOLFGANG: Mit dem Feuer vom Leben zum Tod. Hexengesetzgebung in Bayern. München 1988

BEHRINGER, WOLFGANG (HRSG.): Hexen und Hexenprozesse in Deutschland (Dokumente). Nördlingen 1993

BINSFELD, PETER: Traktat von Bekanntnuß der Zauberer und Hexen (1589). München 1591

BLAUERT, ANDREAS: Die Erforschung der Anfänge der europäischen Hexenverfolgungen. In: Blauert, Andreas: Ketzer, Zauberer, Hexen. Die Anfänge der europäischen Hexenverfolgungen. Frankfurt a. M. 1990, S. 11–33

BLAUERT, ANDREAS: Die Epoche der europäischen Hexenverfolgungen. In: Wilbertz, Gisela u. a. (Hrsg.): Hexenverfolgung und Regionalgeschichte. Bielefeld 1994, S. 27–43

BORST, ARNO: Barbaren, Ketzer und Artisten. München 1988

DELUMEAU, JEAN: Angst im Abendland. Die Geschichte kollektiver Ängste im Europa des 14. bis 18. Jahrhunderts. Reinbek 1989

DINZELBACHER, PETER: Die Realität des Teufels im Mittelalter. In: Segl, Peter (Hrsg.): Der Hexenhammer. Entstehung und Umfeld des Malleus Maleficarum. Köln/Wien 1988, S. 151–175

DINZELBACHER, PETER: Heilige oder Hexen? Schicksale auffälliger Frauen in Mittelalter und Frühneuzeit. Reinbek 1997

DÖBLER, HANNSFERDINAND: Hexenwahn. Die Geschichte einer Verfolgung. München 1977

DONOVAN, FRANK: Zauberglaube und Hexenkult. Ein historischer Abriß. München 1976

DÜLMEN, RICHARD VAN: Imaginationen des Teuflischen. In: Dülmen, Richard van (Hrsg.): Hexenwelten. Magie und Imagination. Frankfurt a. M. 1993, S. 94–130

DÜLMEN, RICHARD VAN: Theater des Schreckens. Gerichtspraxis und Strafrituale in der frühen Neuzeit. München 1988

DÜLMEN, RICHARD VAN: Die Dienerin des Bösen. Zum Hexenbild in der frühen Neuzeit. In: Zeitschrift für Historische Forschung 18 (1991), S. 385–398

ENNEN, EDITH: Zauberinnen und fromme Frauen – Ketzerinnen und Hexen. In: Segl, Peter (Hrsg.): Der Hexenhammer. Entstehung und Umfeld des Malleus Maleficarum. Köln/Wien 1988, S. 7–21

HAAG, HERBERT: Teufelsglaube. Tübingen 1974

HABERLAND, FRIEDERIKE: Der Feldzug gegen die Magie des Weibes oder die Rebellion der Frau gegen das Patriarchat. In: Katholische Akademie Augsburg (Hrsg.): Hexenglaube und Hexenverfolgung. Eine kritische Bilanz. Augsburg 1989, S. 53–70

HAMMES, MANFRED: Hexenwahn und Hexenprozesse. Frankfurt 1977

HANSEN, JOSEPH: Zauberwahn, Inquisition und Hexenwahn im Mittelalter und die Entstehung der großen Hexenverfolgung. München 1900

HANSEN, JOSEPH: Quellen und Untersuchungen zur Geschichte des Hexenwahns. Bonn 1901, ND Hildesheim 1963

HARMENING, DIETER: Hexenbilder des späten Mittelalters. In: Segl, Peter (Hrsg.): Der Hexenhammer. Entstehung und Umfeld des Malleus Maleficarum. Köln/Wien 1988, S. 177–194

HARMENING, DIETER: Zauberinnen und Hexen. Vom Wandel des Zaubereibegriffs im späten Mittelalter. In: Blauert, Andreas: Ketzer, Zauberer, Hexen. Die Anfänge der europäischen Hexenverfolgungen. Frankfurt a. M. 1990, S. 68–86

HENTIG, HANS VON: Über das Indiz der Tränenlosigkeit im Hexenprozeß. In: Helfer, Christian (Hrsg.): Studien zur Kirchengeschichte 1962, S. 93–103

HEYDENREUTHER, REINHARD: Das Zauberei- und Hexereidelikt und die Juristen der frühen Neuzeit. In: Katholische Akademie Augsburg (Hrsg.): Hexenglaube und Hexenverfolgung. Eine kritische Bilanz. Augsburg 1989, S. 71–88

HORTZITZ, NICOLE (Hrsg.): Hexenwahn: Quellenschriften des 15. bis 18. Jahrhunderts aus der Augsburger Staats- und Stadtbibliothek. Stuttgart 1990

KIECKHEFER, RICHARD: Magie im Mittelalter. München 1992

KRIDTE, PETER: Die Hexen und ihre Ankläger. In: Zeitschrift für Historische Forschung 14 (1987), S. 47–71

KUHLEN, FRANZ JOSEF: Zur Geschichte der Schmerz-, Schlaf- und Betäubungsmittel im Mittelalter und früher Neuzeit. Stuttgart 1983

KUNZE, MICHAEL: Straße ins Feuer. Vom Leben und Sterben in der Zeit des Hexenwahns. München 1982

LABOUVIE, EVA: Hexenspuk und Hexenabwehr. In: Dülmen, Richard van (Hrsg.): Hexenwelten. Magie und Imagination. Frankfurt a. M. 1993, S. 49–93

LABOUVIE, EVA: Zauberei und Hexenwerk. Ländlicher Hexenglaube in der frühen Neuzeit. Frankfurt a. M. 1993

LECOUTEUX, CLAUDE: Hagazussa – Striga – Hexe. In: Hessische Blätter für Volks- und Kulturforschung 18 (1985), S. 57–70

LECOUTEUX, CLAUDE: Geschichte der Gespenster und Wiedergänger im Mittelalter. Köln/Wien 1987

LEHMANN, HARTMUT/ULBRICHT, OTTO (HRSG.): Vom Unfug des Hexenprocesses. Gegner der Hexenverfolgung von Johann Weyer bis Friedrich Spee (= Wolfenbütteler Forschung 55). Wiesbaden 1992

LEHRMANN, JOACHIM: Hexen- und Dämonenglaube im Lande Braunschweig. Hannover 1997

LEUTENBAUER, SIEGFRIED: Hexerei- und Zaubereidelikt in der Literatur von 1450–1550. Berlin (West) 1972

LEVACK, BRIAN P.: Hexenjagd. Die Geschichte der Hexenverfolgungen in Europa. München 1995

LIEBHART, WILHELM: Hexenwahn und Hexenprozesse im Herzogtum Bayern. In: Katholische Akademie Augsburg (Hrsg.): Hexenglaube und Hexenverfolgung. Eine kritische Bilanz. Augsburg 1989, S. 36–52

MUCHEMBLED, ROBERT: Kultur des Volks – Kultur der Eliten. Die Geschichte einer erfolgreichen Verdrängung. Stuttgart 1982

PRAETORIUS, JOHANN: Blockes-Berges Verrichtung. Leipzig/Frankfurt a. M. 1669. Reprint Hanau 1968

POTT, MARTIN: Aufklärung und Hexenaberglaube. In: Lorenz, Sönke/Bauer, D.R. (Hrsg.): Das Ende der Hexenverfolgung (= Hexenforschung 1). Stuttgart 1995, S.183–202

RAAB, M.: Großer Hexenprozeß zu Geisling 1689 bis 1691. Als Beitrag zur Geschichte der Hexenprozesse in Bayern aus Originalakten dargestellt. In: Verhandlungen des historischen Vereins der Oberpfalz und Regensburg 65/1915, S. 73–99

RADBRUCH, GUSTAV (HRSG.): Die Peinliche Gerichtsordnung Kaiser Karls V. von 1532 (Carolina). Stuttgart 1980[5]

ROSKOFF, G.: Geschichte des Teufels. 2 Bde. Leipzig 1869, ND Aalen 1967

SALLMANN, JEAN-MICHEL: Hexensabbat. Ravensburg 1991

SCHADE, SIGRID: Kunsthexen – Hexenkünste. In: Dülmen, Richard van (Hrsg.): Hexenwelten. Magie und Imagination. Frankfurt a. M. 1993, S. 170–218

SCHATTENHOFER, M.: Henker, Hexen und Huren. Beiträge zur Geschichte der Stadt München. In: Oberbayerisches Archiv 109 (1984), S. 113–143

SCHNEID, J.: Das Rechtsverfahren wider die Hexen von Wemding im ersten Drittel des 17. Jahrhunderts. In: Oberbayerisches Archiv für vaterländische Geschichte 57 (1913), S. 118–195

SCHWAIGER, GEORG (HRSG.): Teufelsglaube und Hexenprozesse. München 1987

SCHWERHOFF, GERD: Hexerei, Geschlecht und Regionalgeschichte. In: Wilbertz, Gisela u. a. (Hrsg.): Hexenverfolgung und Regionalgeschichte. Bielefeld 1994, S.

SEGL, PETER: Heinrich Institoris. Persönlichkeit und literarisches Werk. In: Segl, Peter (Hrsg.): Der Hexenhammer. Entstehung und Umfeld des Malleus Maleficarum. Köln/Wien 1988, S. 103–126

SEGL, PETER: »Frowen, die des nachtes fahrent«. In: Katholische Akademie Augsburg (Hrsg.): Hexenglaube und Hexenverfolgung. Eine kritische Bilanz. Augsburg 1989, S. 5–35

SIEFENER, MICHAEL: Hexerei im Spiegel der Rechtstheorie. Das crimen magiae in der Literatur von 1574 bis 1608. Frankfurt/Br. 1992

SIEVERNICH, MICHAEL (HRSG.): Friedrich von Spee. Priester – Poet – Prophet. Frankfurt a. M. 1986

SOLDAN G. W./HEPPE, H.: Geschichte der Hexenprozesse. Aus den Quellen dargestellt. Stuttgart 1843, Kettwig 1987

SPEE, FRIEDRICH VON: Cautio Criminalis oder Rechtliches Bedenken … übers. und eingel. von J.-F. Richter. München 1992

SPRENGER, JACOB/INSTITORIS, HEINRICH: Der Hexenhammer. 1487. Übers. und eingel. von J. W. R. Schmidt. Darmstadt 1980

THIESER, BERND: Hexenprozesse in der Oberpfalz (= Bayreuther Arbeiten zur Landesgeschichte und Heimatkunde Bd. 2). Diss. Uni Bayreuth 1987

TRUSEN, WINFRIED: Rechtliche Grundlagen der Hexenprozesse und ihrer Beendigung. In: Lorenz, Sönke/Bauer, D. R. (Hrsg.): Das Ende der Hexenverfolgung (= Hexenforschung 1). Stuttgart 1995, S. 203–226

WALZ, RAINER: Der Hexenwahn vor dem Hintergrund dörflicher Kommunikation. In: Zeitschrift für Volkskunde 82 (1986), S. 1–18

WALZ, RAINER: Hexenglaube und magische Kommunikation im Dorf der frühen Neuzeit. Paderborn 1993